놀라울 정도로 잘 맞는 손금점

혼자 하는
손금 공부

미야자와 미치 지음 | **김소영** 옮김

보누스

손금에는 그 사람의 인생이 드러납니다

우리는 살면서 끊임없이 손을 움직입니다. 밥을 먹고 옷을 입고 청소를 하고 글씨를 쓰면서 일상생활을 원활하게 하고 있지요.

그림도 그리고 게임도 하며 손은 우리가 즐겁게 지낼 수 있도록 많은 일을 합니다. 지금 책을 읽는 이 순간도 마찬가지입니다. 손 덕분에 우리 생활이 더 편해지고 윤택해질 수 있는 것이지요.

손은 태어나서부터 지금까지 많은 일을 해왔기 때문에 손바닥에 '금'이 그어집니다. 따라서 손금에는 그 사람의 인생이 고스란히 드러납니다.

손금은 사람들을 행복하게 만드는 인생의 지침서

이 책을 펼친 여러분도 먼저 자신의 손을 살펴보세요. 손에서 무 엇이 느껴지나요? 열심히 살아온 시간들이 느껴지지 않나요? 나 자신과 찬찬히 마주해 보세요. 살아오면서 내 결점이라고 생각했 던 부분이 장점일 때도 있고, 실패했던 경험이 성공으로 이끌어주 는 계기였음을 깨달을 수도 있어요.

손금이 좋은 사람도, 나쁜 사람도 있습니다. 손금은 변합니다. 손금이 그렇게 좋지 않아도 행동이나 마음가짐, 말씨를 개선해 나가다 보면 손금이 변하고 운수도 올라갈 겁니다. 손금을 인생의 지침서라 여기고 동반자가 되어보세요.

내 손금을 해석해 봤다면 타인의 손금도 봐주세요. 내가 아끼는 사람이 고민하고 있을 때 적절한 조언을 해줄 수 있고, 잘 모르는 사람과도 손금을 통해 이야기꽃을 피우며 친해질 수 있어요. 이처럼 손금은 여러분을 행복하게 해주는 지침서가 될 수 있습니다. 손금으로 더 나은 미래를 만들어보세요.

손금을 정확히 해석하려면

이 책은 스스로 손금 보는 법을 알려줍니다. 손 사진을 활용해 손금 지식을 생생하게 익힐 수 있지요. 사진에는 손의 두께나 색깔 등 구체적인 이미지가 담겨 있어 손금을 정확하게 해석할 수 있습니다.

어느 정도 손금을 익힌 후에도 손금을 볼 때 책을 옆에 두고 감정하세요. 헷갈리거나 모르는 부분이 나왔을 때마다 들춰보다 보면 자연스레 익숙해질 거예요. 여러 손금을 보고 해석하며 손금을 마스터해 보세요.

손금은 인생을 풍요롭게 만들어줍니다

손금 마스터가 되었다면 주변 사람들의 손금도 봐주세요. 첫 만남의 어색함을 쉽게 없애는 것은 물론 고민 상담도 해줄 수 있어요.

손금을 알면 인생이 풍요로워집니다. 손금은 일본과 한국뿐만 아니라 미국, 스웨덴, 스페인 등 동서양을 막론하고 인기가 많습니다. 어느 곳을 가도 분위기를 띄우는 동시에 좋은 친구를 만들어 줄 거예요.

손금을 통해 다양한 사람과 교류하며 하루하루를 풍요롭게 보내는 데 보탬이 되면 좋겠습니다.

미야자와 미치

이 책의 활용법

이 책은 손금을 정확하게 보기 위해 실제 손 사진을 사용했다. 손금을 구성하는 구와 선으로 장을 나눴다. 금전운, 결혼운 등 지금 당장 궁금한 운이 있다면 해당 장을 찾아 먼저 읽어도 좋다. 실전에서 100퍼센트 활용할 수 있도록 손금을 차근차근 살펴보자.

1 자신의 손 스캔하기

먼저 자신의 손금으로 공부하자. 흑백도 좋지만 컬러로 하면 색깔까지 알 수 있어서 더 좋다. 손금을 스캔해 두면 책과 비교하며 볼 수 있어 좋다. 양쪽 손을 다 스캔하자.

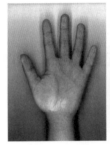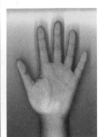

2 '구'와 '생명선' 따라 그리기

형광펜을 준비하자. 처음에는 '구'와 '평원'의 범위를 형광펜으로 표시하고, 그 다음에는 '생명선'을 찾아내서 연필이나 형광펜 등으로 선을 따라 그리자.

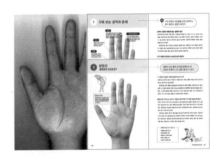

3 시작점, 길이, 커브 등을 보기

'생명선'이 어디에 있는지 알았다면 시작점이 어디인지, 길이나 커브의 정도는 어떤지, 종점은 어디인지, 불운 사인은 없는지 꼼꼼하게 살핀다. 마지막에는 유년법을 적용해 한층 더 자세하게 본다.

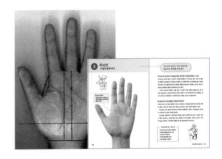

4 '두뇌선'과 '감정선'도 보기

'생명선'과 마찬가지로 '두뇌선'과 '감정선'도 책을 보며 최대한 정확히 체크한다. 자신에게 맞는 부분 외에 다른 패턴도 공들여서 읽자. 손금 지식이 넓어진다.

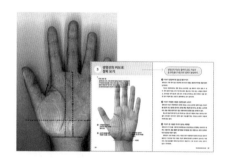

5 실전 테스트로 복습하기

장의 마지막에서 '실전 테스트'에 도전해 보자. '가로 삼대선'과 '세로 삼대선'을 체크하고, '기타 선'뿐만 아니라 손과 손가락, 손톱까지 살핀다. 테스트는 세 번 나온다. 특징이 다른 세 명의 손금 사진을 보며 복습하자.

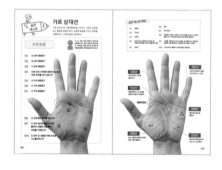

차례

구로 보는 손금

가로 삼대선으로 보는 손금

3장 세로 삼대선으로 보는 손금

기타 선

5장 손과 손가락 보기

프롤로그

먼저 손금 전체를 살펴보자. 손바닥에 위치한 '구', 기본이 되는 '가로 삼대선'과 '세로 삼대선', 그 밖에 '기타 선'까지, 실제 손금을 보는 순서에 맞춰 손의 구조나 손금의 구성을 기초부터 확실하게 다지자.

1 손금으로 읽는 운세와 인생

손금으로 어떻게 운세를 알 수 있을까?

아마 여러분은 손금을 어떻게 보는지 궁금해서 이 책을 펼쳤을 것이다.

손바닥에는 그 사람이 매사에 어떻게 생각하는지 어떤 감정을 느끼는지가 모두 담겨 있어 인생의 지도로 삼을 수 있다. 손금을 자신을 들여다보는 거울로써 바라보면 큰 도움을 얻을 수 있다. 나아가 타인의 손금을 보면서 그 사람을 더 깊이 알게 되고, '이 사람은 이런 생각을 하기 때문에 저런 행동을 하는구나.'라며 분석할 수 있다. 따라서 손금을 알면 상대방에 대한 이해와 배려가 커지고 시야가 점차 넓어질 것이다.

손금은 간단한 법칙만 알면 이리저리 조합하면 되어서 공부하기도 쉽다. 물론 막상 손을 보면 이 선이 어떤 선인지 헷갈린다는 말을 자주 듣는다. 책에서 설명하는 선과 같은 선인지, 잘못 짚은 것은 아닌지 헤맬 수도 있다.

손금을 볼 때는 '응용력'과 '센스'가 중요!

손금이 완전히 똑같은 사람은 없다. 그 말인즉슨, 사람마다 손금이 모두 다르다는 것이다. 그래서 응용력과 센스가 중요하다. 책에서 손금의 법칙을 배웠다면, 손안을 '구'로 나눠서 선이 시작하는 지점과 향하는 방향을 보고 판단하는 것이 중요하다. 그 후 전체를 꼼꼼하게 들여다보면 머지않아 손금이 잘 보일 것이다.

처음 손금을 배울 때는 독특한 표현이나 용어를 외워야 하지만, 한 번 외워두면 다음부터는 조합만 하면 된다. 이 책을 참고하면서 다른 사람들의 손금을 보다 보면 자연스레 자신만의 노하우가 생길 것이다. 꼼꼼히 외워서 인생의 중요한 순간에 시기적절하게 잘 활용해 보자.

자신의 손금을 보며 스스로 깨닫는 것이 능력 향상의 지름길

뭐니 뭐니 해도 내 손을 직접 보는 것이 가장 빨리
외울 수 있는 지름길이다. 자신의 손금부터 꼼꼼히
살펴보자.

처음에는 '구'와 '평원'의 위치를 확인하는 작업부
터 시작한다. 이 작업이 매우 중요하다. 그다음에는
기본 '가로 삼대선', '세로 삼대선', '기타 선'까지 순
서대로 살펴본다. 자신의 손금을 보면 자신을 파악
할 수 있다. 이제껏 깨닫지 못했던 나를 발견하면서 인생도 한층 더 넓게 바라보
게 될 것이다.

특히 재능을 알 수 있는 두뇌선은 일을 선택할 때 참고할 수 있고, 운명선이나
태양선으로는 사회에서 성공하는 방법까지 알 수 있으니 100퍼센트 알차게 활
용하길 바란다.

감정선, 금성대, 결혼선 등은 연애운을 볼 때 도움이 된다. 이성 문제로 고민이
생겼을 때, 드라마틱한 사랑을 하고 싶을 때, 결혼하고 싶을 때는 이런 선들이 방
향을 알려줄 것이다.

손금을 통해 에너지 교류하기

자신의 손금을 어느 정도 파악해서 전체적으로 훑었다면, 이제는 지인의 손금도
보자. 손은 사람에 따라 선이 완전히 다르다. 하지만 어떤 손바닥이든지 구와 선
으로 구성되어 있다. 각 구의 뜻을 미리 이해해 두면 해석하기가 훨씬 수월할 것
이다.

손금은 타인과 대화를 나눌 때도 도움이 된다. 상대방에게 손을 보이는 것은
자신을 보여주는 것이나 마찬가지다. 게다가 손을 통해 에너지를 주고받기 때문
에 신뢰 관계도 더욱 깊어진다.

손금은 사람과 사람 사이의 거리를 확 좁혀주는 만큼 주의도 필요하다. 늘 객
관적인 눈을 유지해야 손금을 올바르게 볼 수 있기 때문이다.

2 손 안에 있는 산과 강

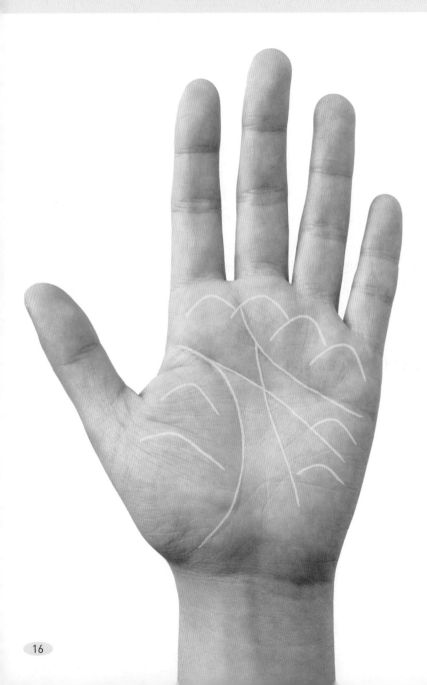

손바닥에 난 굴곡을 지형에 비유하기

손바닥에 힘을 빼고 살살 폈을 때 생기는 굴곡이 마치 작은 세계처럼 보인다. 손금을 볼 때는 이 손바닥을 입체 지도처럼 지형에 비유한다.

먼저 손바닥 전체를 살펴보면 엄지 아래와 검지 아래, 중지 아래, 약지 아래, 소지 아래는 살집이 있어 볼록 솟아오른 것처럼 보이고, 반대로 손바닥 중앙은 살짝 꺼져 있다.

이렇게 볼록 솟아오른 부분이 마치 작은 언덕처럼 보인다고 해서 '구'라는 표현을 쓴다. 엄지 아래를 '금성구', 검지 아래를 '목성구'라고 하는데, 손은 우주에서 내려오는 에너지의 수신기이므로 별의 이름을 구 이름으로 쓰는 것이다. 금성구라면 금성의 영향을 받고, 목성구라면 목성의 에너지를 수신해서 영향을 받는다.

구는 산, 선은 강으로 비유하기

손바닥에 새겨진 선은 강에 비유한다. 강에 물이 흐르듯이 손에는 에너지가 흐르는 것이다. 강이 폭이 넓고 깊이가 적당히 있어야 물이 더 잘 흐르듯이, 손금이 두껍고 선명하게 새겨져 있어야 에너지도 막힘없이 흐를 수 있다.

금성구 기슭을 흐르는 선은 생명을 담당하는 '생명선', 손바닥 중앙을 흐르는 선은 '두뇌선', 수성구 기슭에서 시작해 태양구와 토성구 부근으로 흐르는 선은 '감정선'이다. 이 3개의 선이 중요한 강이다.

강이 어디서 시작해서 어디를 향해 흐르는지 꼼꼼하게 살피면 더 자세히 감정할 수 있다.

3 구의 위치

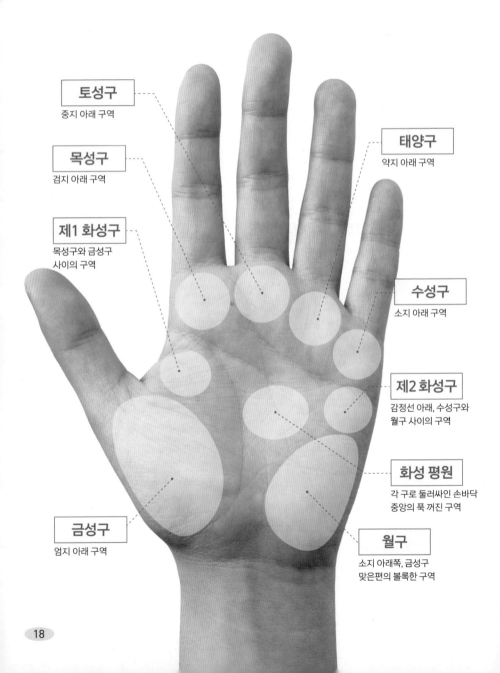

토성구
중지 아래 구역

목성구
검지 아래 구역

제1 화성구
목성구와 금성구
사이의 구역

태양구
약지 아래 구역

수성구
소지 아래 구역

제2 화성구
감정선 아래, 수성구와
월구 사이의 구역

화성 평원
각 구로 둘러싸인 손바닥
중앙의 푹 꺼진 구역

금성구
엄지 아래 구역

월구
소지 아래쪽, 금성구
맞은편의 볼록한 구역

우주의 에너지를 수신하는 '구'와 그 특징

손바닥 중앙을 둘러싸고 볼록하게 올라온 부분을 '구'라고 부른다. 구는 부위에 따라 왼쪽 그림과 같이 8개 구역에 금성구, 목성구, 토성구, 태양구, 수성구, 월구, 제1 화성구, 제2 화성구라는 이름이 붙어 있다.

각 구는 금성, 목성 등 똑같은 이름의 별에서 에너지를 수신한다. 구는 살집이 높게 발달할수록 에너지가 많다. 따라서 어떤 구가 높은지를 보면 그 사람이 어떤 에너지를 많이 수신하는지 알 수 있다. 사람에 따라 다르지만, 금성구, 목성구, 수성구 부근은 다른 구보다 높고 예쁘게 봉긋 솟아오른 경우가 많다.

그리고 손바닥 중앙에 살짝 꺼져 있는 부분이 화성 평원이다. 화성 평원이 꽤 낮게 꺼져 있는 사람이 있는가 하면 거의 평평한 사람도 있다. 화성 평원은 대체로 두뇌선이 가로지르는 장소다. 화성 평원이 높으면 감정이 이성보다 앞서 주위 사람들을 쥐락펴락하는데, 적당히 꺼져 있으면 이성이 감정보다 더 강해서 냉정하게 행동하는 경향이 있다.

'구'의 이름과 그 의미를 쉽게 외우는 비결

구와 평원을 외울 때는 먼저 엄지 아래에 봉긋 솟아오른 '금성구'와 맞은편에 있는 '월구'를 기본으로 두고 시작하자. 예를 들어 금성구는 눈에 보이는 삶의 세계를 나타내고, 반대에 있는 월구는 눈에 보이지 않는 죽음의 세계를 나타낸다. 감성이 날카로운 사람은 생명선이 금성구를 둘러싸듯 나 있고, 직감력이 있는 사람은 생명선과 비슷한 '직감선(139쪽 참고)'이 월구에 나 있다. 또

| 금성구 | 월구 |

한 방향을 가리킬 때 쓰는 검지 아래에 위치한 '목성구'는 지도력을 나타낸다. 이처럼 손가락의 특징과 연결해서 구의 의미를 외우면 머리에 더 잘 들어올 것이다.(32쪽 참고)

감정선

연애운 · 애정운

감정을 표현하는 방법이나
애정 타입, 심장의 활동을
나타낸다. 감정선이
그 사람의 성격을 좌우한다.
이 선이 유난히 또렷하게 보일
때는 사랑을 하고 있거나
감정에 휘둘리고 있을 때라서
침착하려고 노력하면 상황이
개선된다.

생명선

종합운 · 건강운

말 그대로 생명이 어떤 식으로
유지되는지를 볼 수 있는 가장
중요한 선이다.
생명 에너지 그 자체를
나타내기 때문에 생명력의
강인함, 수명, 건강, 사고,
부상을 알 수 있고, 나아가
연애, 결혼, 독립 등 운이
열리는 시기와 전환기까지도
알 수 있다.

두뇌선

사업운 · 능력운

직업, 재능, 사고 능력,
창의력, 머리의 병이나
부상을 나타낸다.
손 중앙을 가로지르는
두뇌선은 그 사람이
인생을 어떻게 만들어
나갈지 결정한다.

20

생명력, 지성, 감정을 보는 손금의 기본, '가로 삼대선'

손바닥을 가로지르듯 지나가는 굵은 선 3개는 바로 눈에 띈다. 이것이 손금의 기본이 되는 가로 삼대선, 즉 생명선과 두뇌선과 감정선이다. 이 가로 삼대선은 인간 사회를 살아가는 데 가장 중요한 것을 의미하는 선이다.

첫 번째 선인 '생명선'은 엄지와 검지 사이에서 시작하는데, 일단 손의 중앙을 향해 커브를 그리며 그대로 손목 쪽으로 향한다. 생명선은 짧은 경우도 많지만, 옆에 다른 생명선이나 운명선이 대체하는 경우도 많으니 꼼꼼히 살펴야 한다. 생명선은 엄지를 둘러싸는 선이고, 엄지는 생명과 밀접한 관련이 있다. 따라서 엄지가 튼튼하다는 것은 곧 생명 에너지가 활발하다는 뜻이다.

두 번째 선인 '두뇌선'은 생명선과 마찬가지로 엄지와 검지 사이에서 시작하지만, 생명선만큼 큰 커브를 그리지는 않고 옆으로 뻗어나가 소지 아래쪽으로 향한다. 두뇌선은 한 줄기에서 여러 갈래로 뻗어나가기도 하고, 줄기가 2개 또는 3개로 나눠지기도 한다.

세 번째 선인 '감정선'은 생명선, 두뇌선과는 반대쪽인 소지 아래에서 검지나 중지 방향으로 뻗어가는 선이다. 감정선은 깔끔하게 한 선만 나 있는 경우도 있지만, 중간에 갈라지거나 끊어지거나 어긋나듯이 이어져 있기도 하는 등 여러 가지 모양이 있다.

'가로 삼대선'은 굵은 선을 따라가며 보자

가로 삼대선은 글자 그대로 생명, 두뇌, 감정에 관련된 것을 나타낸다.

다른 선에 비해 굵고 뚜렷하다. 생명선, 두뇌선, 감정선을 하나하나 따라가 보며 확인한다. 먼저 가장 굵고 긴 선을 따라가 봐도 좋다.

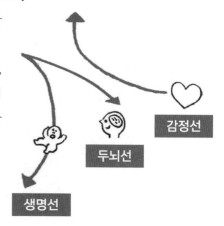

태양선

성공 패턴과 금전운

인생의 성공, 인기, 부와 명예 등을 나타낸다. 그 사람에게 돈이 어떻게 들어오는지 보여준다.(현재의 금전운을 알고 싶다면 '재운선'을 보자.) 세로 삼대선 중에는 잘 나타나지 않아서 발견하면 운이 좋은 선이다.

운명선

운기와 인생의 충실도

인생의 성공, 실패, 운명의 전환기, 실력 발휘 정도, 만족도 등을 나타낸다. 짙을 때는 현재 상황이 매우 만족스러우며 자신의 힘을 충분히 발휘하고 있다는 뜻이다. 농도가 변하기도 하고 나타나거나 사라지는 등 변화가 있는 선인데, 운기가 좋거나 목표가 있을 때는 뚜렷하게 나타난다.

재운선

금전운

재운선은 현재의 경제 상황과 수입이 몇 군데에서 들어오는지를 나타낸다. 그때그때 상황에 따라 자주 변하는 선이다.

성공, 명예, 부를 나타내는 손금의 기본, '세로 삼대선'

손바닥을 세로로 가로지르는 굵은 선은 손금의 기본인 가로 삼대선에 이어 중요한 세로 삼대선으로 운명선, 태양선, 재운선이다. 세로 삼대선은 그때그때 상황에 따라 변하는 선이기도 하다.

가로 삼대선과는 달리 세로 삼대선은 모두에게 보이지는 않는다. 특히 여성에게는 나타나지 않는 경우가 많으므로 선이 보이지 않는다고 해서 걱정할 필요는 없다.

'운명선'은 손바닥 아래쪽에서 중지 쪽을 향해 뻗는 선이다. 꼭 한 개만 있는 것은 아니고, 많을 때는 여러 개가 다양한 방향에서 올라간다. 방향이 중지 쪽으로 향해 있다면 손의 중앙에서 끊어져 있더라도 운명선으로 본다.

'태양선'은 손바닥 아래쪽에서 약지 쪽을 향해 뻗는 선이다. 태양선도 꼭 한 개만 있지는 않고 여러 방향에서 올라간다.

'재운선'은 약지 아래 수성구에 난 짧은 선인데, 돈이 들어가고 나가는 상황을 볼 수 있다. 손바닥 아래쪽에서 소지 방향을 향해 뻗는 '수성선(138쪽 참고)'의 일종이다.

'세로 삼대선'을 보는 방법

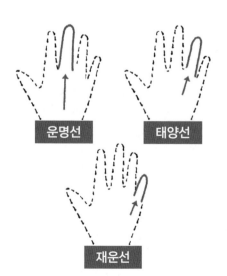

세로 삼대선은 가로 삼대선보다 살짝 연하게 나 있다. 운명선은 굵기가 상대적으로 더 얇다.

세로 삼대선은 중지, 약지, 소지 중 어느 손가락을 향하는지에 따라 결정되기 때문에 구분하기가 어렵지는 않다. 중간에 선이 끊어져 있더라도 그 선을 연장해서 어떤 손가락에 도달하는지 추측해 보면 의외로 간단히 운명선, 태양선, 재운선을 구별할 수 있다.

6 기타 선

연애선
연애 패턴과 연애운
작은 커브를 그리며 생명선을
가로지르는 선은 폭풍 같은
연애를 할지, 사랑이 어떻게
흘러갈지 나타낸다.

향상선
인내와 지속력
생명선 위에서 검지로 향하는
선은 인내력과 지속력을
뜻하며, 노력한 만큼
성공한다는 것을 나타낸다.

장해선
트러블(갈등)을 암시
생명선을 직각이나 U자형으로
가로지르는 선은 트러블을
암시한다.

영향선
운명적인 만남
생명선의 안쪽에 나는 얇은
선으로 운명적인 사람과의
관계를 암시한다.

개운선
도약하는 시기와 내용
생명선 위에서 중지, 약지로 향하는
선으로 독립이나 승진 등의 시기를
나타낸다.

건강선
건강 상태
없어야 좋은 선이라서 불(不)건강선이라고도
부른다. 나더라도 직선이면 괜찮은데, 선이
구불거리거나 섬(43쪽 참고)이 있으면 주의가
필요하다.

금성대
이성 관계와 육체적인 관계
육체적인 매력을 어필하는 정도,
잠자리 취향 등을 나타낸다.
남성에게서는 보기 힘들고 여성에게
더 잘 나타난다. 금성대가 있는
사람은 성적으로 관심이 많고
본능에 충실하다.

결혼선
결혼 패턴과 결혼운
결혼 시기, 결혼 생활 등을
나타낸다. 결혼선은 직선으로
뻗은 것이 좋다. 부부의 사랑이
식으면 점점 아래로 내려가는
경향이 있다. 결혼선 옆으로 나
있는 얇고 짧은 선은 바람기를
나타낸다. 바람을 피우고 싶은
마음이 있으면 갑자기 연하게
나올 때도 있다.

24

결혼이나 성적 매력, 건강을 나타내는 선의 특징

손바닥의 가로 삼대선과 세로 삼대선 말고도 중요한 선이 있다. '결혼선', '금성대', '건강선'이다. 이 3개의 선도 세로 삼대선과 마찬가지로 비교적 변화가 많은 선이다. 그 밖에 왼쪽 그림처럼 생명선 등을 중심으로 위아래로 뻗어 있거나 가로지르는 '향상선', '개운선', '연애선', '장해선', '영향선' 등 짧은 선도 있다.

'결혼선'은 소지와 감정선 사이에 나 있는 가로선이다. 결혼선은 한 개만 난 사람도 많지만, 여러 개 나 있는 사람도 상당히 많다. 결혼선이 있다는 것은 결혼할 인연을 갖고 있다는 뜻이다. 결혼선이 나 있더라도 선 위에 격자무늬(43쪽 참고)가 걸려 있으면 혼기가 늦어진다는 뜻이다.

'금성대'는 검지와 중지 사이에서 시작해 약지와 소지 사이로 이어지는 반원 모양 선이다. 완벽한 반원 모양이 아니어도 괜찮다. 중간에 끊어져 있어도 금성대로 본다. 한 개일 때도 있고 여러 개가 겹치듯이 나 있을 때도 있다.

'건강선'은 월구에서 시작해서 제2 화성구를 향해 나 있는 선이다. 소지 아래쪽을 향하는 수성선(138쪽 참고)보다 옆으로 더 비스듬히 기울어져 있다.

'기타 선' 보는 방법

결혼선은 많은 사람에게 나타난다. 손바닥뿐 아니라 소지 옆쪽에서 보면 더 또렷이 보인다. 좌우의 결혼선을 맞대서 보면 결혼 횟수를 알 수 있다.(160쪽 참고)

금성대와 건강선은 없는 사람이 많지만, 시작점과 종점을 확인하면서 보면 찾기 쉽다. 그와 마찬가지로 생명선에서 위를 향해 뻗어가는 향상선과 개운선은 시작점과 방향을 잘 보자. 연애선은 완만한 커브를 그리며 생명선에 걸려 있는 선이고, 장해선은 칼로 절단한 것처럼 날카로운 선이다. 각 선이 가진 이미지를 기억해 두면 손금을 볼 때 도움이 된다.

7 내 손금 보기

1. 내 손 스캔하기

처음으로 자신의 손금을 볼 때는 손을 스캔해 책 속 사진과 대조하면서 공부하는 방법을 추천한다. 스캔하면 자신이나 타인의 손을 객관적으로 볼 수 있고, 자잘한 선을 구별하고 유년법을 적용하는 방법까지 자세히 살펴볼 수 있다.

구처럼 봉긋 솟아오른 부분은 실제로 손을 봐야 알 수 있지만 손금과 책을 비교하면서 구의 범위를 표시해 보자. 손에 따라서는 범위를 그리기 어려울 것이다. 처음엔 구의 구역만이라도 잘 나눠보자.

구를 구분했다면 이제 선을 볼 차례다. 스캔한 손 위에 선을 그려 넣자. 선은 생명선, 두뇌선, 감정선 순서로 넣는다. 어디서 시작하고 어디서 끝나는지 확인한다. 이 손금을 기본으로 두고 책을 읽으면 손금을 훨씬 더 잘 파악할 수 있다.

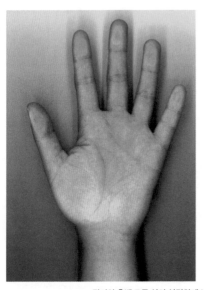 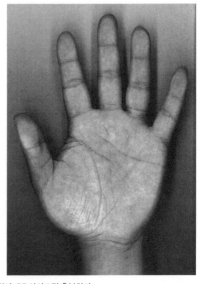

컬러와 흑백 모두 선이 선명하게 보인다. B5 사이즈면 충분하다.

2. 손 전체의 이미지 보기

처음에는 손 전체의 느낌을 본다. 눈을 감았다 떴을 때 보이
는 손은 어떤 인상을 갖고 있을까? 강해 보이거나 부드러워
보이거나 얇아 보이거나 등 여러 가지 이미지가 있다. 그 첫
인상이 그 손을 가진 주인공의 현재 상태이며 그 사람을 나
타낸다. 첫인상을 기억하며 감정하자.

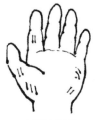

강해 보인다

　또한 손금은 선 한 군데에 암시가 나와 있다 하더라도 바
로 확정 짓지 말자. 그 사실을 뒷받침하는 다른 선을 더 살펴
본 뒤 내용을 확정해야 한다. 예를 들어 인생의 전환점 표시
가 생명선 위에 있는데 운명선에도 나타났다면, 그때 최종
감정하는 것이 맞다.

**나굿나굿해
보인다**

3. 손금은 양손을 모두 확인하기

손금을 볼 때는 양손을 모두 보는데, 왼손에는 '선천적'인 것, 오른손에는 '후천
적'인 것이 나타난다. 원래부터 타고난 운명을 알고 싶다면 왼손을 중점적으로
보고, 현재 상황을 더 자세히 알고 싶다면 오른손을 중점적으로 본다. 만약 양손
에 비슷한 선이 나타나 있다면, 그 의미가 한층 더 강조되어 선이 암시하는 일이
실제로 일어날 가능성이 상당히 커진다. 양손을 적절히 섞어서 보면 감정을 더
정확하게 할 수 있다.

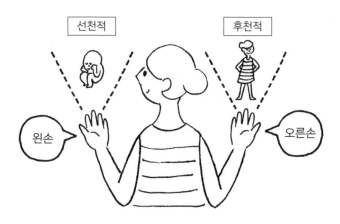

선천적　　후천적

왼손　　오른손

4. 구 ▶ 가로 삼대선 ▶ 세로 삼대선 ▶ 기타 선까지 차례대로 보기

손금을 볼 때는 구부터 시작해서 가로 삼대선, 세로 삼대선, 기타 선까지 차례대로 본다. 구에서 시작해 주요한 선을 보고, 마지막에 자잘한 선을 보는 순서로 외워두면 좋다.

손금의 기본인 가로 삼대선은 거의 모든 사람이 가졌으며 가장 중요하다. 생명선은 그 사람의 생명 에너지가 얼마나 강한지, 그리고 인생의 흐름은 어떤지 확인하는 선이다. 두뇌선으로는 그 사람의 사고방식을 파악해 재능을 본다. 감정선으로는 그 사람의 감정을 표현하는 방법을 본다. 손금의 기본인 가로 삼대선은 다른 선보다 더 중요하게 보고, 그 결과 또한 가장 우선시한다.

세로 삼대선은 위쪽을 향해 뻗어가는 선이다. 운명선은 중지 쪽으로, 태양선은 약지 쪽으로, 재운선은 소지 쪽으로 향한다.

마지막에는 그 밖에 자잘한 기타 선들을 본다. 기타 선들은 변화가 많기 때문에 현재 상황을 볼 때 도움이 된다. 하나하나 꼼꼼하게 살펴보도록 하자.

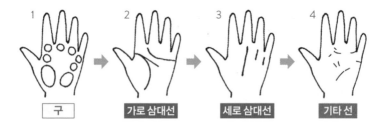

5. 불분명한 선은 시작점과 종점을 펜으로 표시해 둔다

손금이 어떤 선에 해당하는지 확실치 않을 때는 시작점과 종점을 펜으로 따라 그리며 확인하자. 가로 삼대선인지, 세로 삼대선인지, 아니면 기타 선인지 하나하나 검토한다. 그래도 모를 때는 일단 다른 선으로 넘어가자.

다른 선을 다 확인하고 나서 마지막에 그 선으로 돌아왔을 때 알게 되기도 한다. 그래도 모르겠다면 공부를 더 한 다음에 다시 보자. 손금도 경험이 중요하다. 손금을 많이 보다 보면 선 하나하나의 의미를 알 수 있다. 조바심 낼 필요 없이 차근차근 공부하면 된다.

6. 손금에 부정적인 결과가 많다면 생활을 개선하자

손금에 부정적인 결과가 나타났다면, 겸허히 받아들이고 앞으로 어떻게 해야 할지 구체적인 대책을 마련하자.

손금은 그저 현재 상황을 유지했을 때 찾아올 인생을 말해주는 것뿐이다. 마음을 달리 먹으면 생활이 바뀐다. 생활이 바뀌면 몸도 바뀌고, 결과적으로 손금도 바뀐다. 좋은 손금이 나타나도록 생활을 적극적으로 개선하면 된다.

물론 마음가짐을 바꾸기란 말처럼 쉬운 일이 아니다. 손 마사지라도 자주 하자. 마사지만 자주 해줘도 손이 부드러워져 에너지 흡수가 쉬워지고 운세도 올라갈 것이다.

 이렇게 하면 손금이 좋아진다!

규칙적인 생활과 식사

규칙적인 생활이 좋은 몸과 좋은 손금을 만든다. 손이나 손끝을 잘 쓰는 것도 중요하다.

자주 마사지하기

가로와 세로 삼대선을 따라 지압을 하거나 손가락 밑에서 위쪽으로 마사지를 해주면 좋다.

손, 특히 손톱을 촉촉하게

건조한 손은 금물! 핸드크림을 자주 발라서 손과 손톱을 촉촉하게 유지하자.

원하는 선이 있다면 손바닥에 그려 넣기

재운선이랑....

일이나 연애운 등, 원하는 손금을 펜으로 그려 넣으면 운이 올라간다.

손금은 타인과 나누는 대화 수단

타인의 손금을 볼 때도 앞서 언급한 순서를 그대로 따른다. 손을 맡긴다는 것은 자신을 맡기는 것이나 마찬가지다. 따뜻하고 진정성 있게 마주하자.

손금을 볼 때는 아무래도 손에만 집중하게 된다. 손바닥을 볼 때는 둘째치고, 이야기를 들을 때나 조언할 때는 상대방의 눈을 보고 이야기하도록 신경 쓰자. 손금도 커뮤니케이션의 일종이라 타인과 좋은 교감을 나누는 데 도움이 된다.

새로운 일을 시작해 보려고 하는데요….

좋은 생각이에요.

좋지 않은 암시는 배려 섞인 조언으로

손금이 그리 좋지 않게 나왔다면, 그 사실을 알리기 전에 먼저 그 사람의 장점부터 찾아보자. 문제를 해결하는 방법 역시 손금에 반드시 같이 나온다. 진심을 다해 손과 마주해 해결책을 찾으려고 노력하면, 자연스레 그 답을 알려줄 선을 발견하고 상대를 배려하는 말이 나올 것이다.

조언할 때는 '이런 쪽 일은 신중하게 생각해야 할 것 같아요.'라는 식으로 표현에 신경을 쓰자. 상대방도 그 말에 따라 조심하면 손금도 더 좋아질 것이다. 문제를 해결할 수 있는 대책을 찾아내고 나서 부정적인 이야기를 하자.

불길한 일이 있을 거예요!

헉!

식생활을 조심해야겠네요.

그렇군요.

1장

구로 보는 손금

손금을 마스터하려면 손바닥을 '구'로 나누고, 그 구 하나하나에 깃들어 있는 별의 힘을 아는 것부터 출발해야 한다. 각 구의 특징을 외우면, 그곳을 지나는 선의 뜻도 알게 될 것이다.

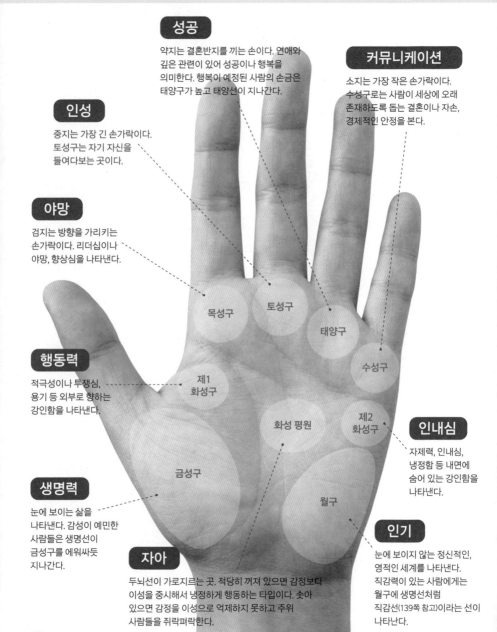

성공

약지는 결혼반지를 끼는 손이다. 연애와 깊은 관련이 있어 성공이나 행복을 의미한다. 행복이 예정된 사람의 손금은 태양구가 높고 태양선이 지나간다.

커뮤니케이션

소지는 가장 작은 손가락이다. 수성구로는 사람이 세상에 오래 존재하도록 돕는 결혼이나 자손, 경제적인 안정을 본다.

인성

중지는 가장 긴 손가락이다. 토성구는 자기 자신을 들여다보는 곳이다.

야망

검지는 방향을 가리키는 손가락이다. 리더십이나 야망, 향상심을 나타낸다.

행동력

적극성이나 투쟁심, 용기 등 외부로 향하는 강인함을 나타낸다.

인내심

자제력, 인내심, 냉정함 등 내면에 숨어 있는 강인함을 나타낸다.

생명력

눈에 보이는 삶을 나타낸다. 감성이 예민한 사람들은 생명선이 금성구를 에워싸듯 지나간다.

자아

두뇌선이 가로지르는 곳. 적당히 꺼져 있으면 감정보다 이성을 중시해서 냉정하게 행동하는 타입이다. 솟아 있으면 감정을 이성으로 억제하지 못하고 주위 사람들을 쥐락펴락한다.

인기

눈에 보이지 않는 정신적인, 영적인 세계를 나타낸다. 직감력이 있는 사람에게는 월구에 생명선처럼 직감선(139쪽 참고)이라는 선이 나타난다.

목성구
토성구
태양구
수성구
제1 화성구
화성 평원
제2 화성구
금성구
월구

구의 두께나 단단함을 보면 성격이나
운이 얼마나 강한지 보인다.

손바닥 모양은 체형과 닮는 경향이 있다

손바닥에 솟아오른 구를 보면 그 사람의 성격을 알 수 있다. 구는 각 손가락 아래쪽을 가리키는데, 엄지 쪽부터 금성구, 제1 화성구, 목성구, 토성구, 태양구, 수성구, 제2 화성구, 월구로 이루어져 있으며 손바닥 가운데의 평평한 부분을 화성평원이라고 부른다.

전체적으로 몸이 다부지고 살집이 있다면 손도 두툼하고 구도 덩달아 높아진다. 반대로 몸이 늘씬하다면 손도 얇고 구도 낮아지는 경향이 있다. 하지만 체형과 일치하지 않을 때도 있기에 섣부른 판단은 금물이다.

구가 적당히 단단하고 높으면 운이 강하다

토성구를 제외한 구들이 기본적으로 높고 적당히 단단하며 다부지다면 운기는 강해지고, 반대로 평평하다면 운기가 살짝 약해진다. 구가 높이 솟아 있을수록 해당 별에서 받는 우주 에너지가 많기 때문에 활동이 활발해진다.

구는 웬만큼 단단해야 좋다. 구가 볼록 솟아 있더라도 지나치게 부드럽다면 정신력이 약해서 타인의 영향을 많이 받기 때문에 다사다난한 인생을 보낸다. 생활을 규칙적으로 바꾸면 구가 단련되어 단단해질 것이다.

구를 보고 알 수 있는 것

▶ 성격
▶ 운의 정도
▶ 정신적인 강인함
▶ 갈등 빈도
▶ 별 에너지의 흡수도

두꺼운 금성구

엄지 아래에 있는 금성구가 볼록 솟아 있으며 두툼하다.

얇은 금성구

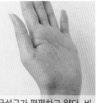

금성구가 평평하고 얇다. 비스듬히 보면 판단하기 쉽다.

2 금성구로 보는 생명 에너지

 보인다! 생명력이 강인한가, 집중력이 있는가,
인생을 알차게 보내고 있는가?

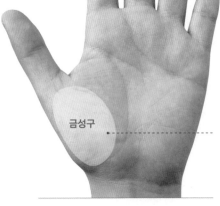

금성구

두꺼움 엄지 아래쪽이 부풀어 올라 있다.

엄지 아래쪽을 둘러싼 구역

얇음 엄지 아래쪽에 살집이 별로 없다.

 금성구가 두꺼우면 생명력이 강하고 주위를 행복하게 만든다

두툼한 금성구는 생명 에너지가 가득 찬 상태를 나타낸다. 생명력이 강하고 활력이 넘치며 인생을 알차게 보내고 있다는 뜻이다.

게다가 몸도 튼튼해서 노력이 빛을 발하며 집중력도 있다. 애정도 깊고 남을 잘 돕기 때문에 주변 사람들에게 기쁨을 준다. 주변인들과의 관계는 좋은 쪽으로든 나쁜 쪽으로든 깊어진다.

 금성구가 얇으면 정력이 약하고 끈기가 없다

금성구의 두께가 주변과 비교해서 비슷한 이유는 그만큼 생명 에너지가 들어 있지 않기 때문이다. 활력이 없어서 금방 지치고, 싫증을 잘 내며 끈기도 없다. 공부도 일도 어중간할 수 있으니 주의하도록 하자.

3 월구로 보는 인간관계

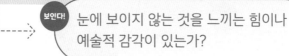

보인다! 눈에 보이지 않는 것을 느끼는 힘이나 예술적 감각이 있는가?

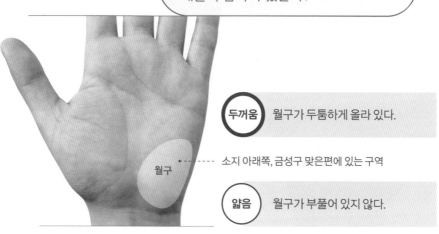

두꺼움 월구가 두툼하게 올라 있다.

월구 ┈┈ 소지 아래쪽, 금성구 맞은편에 있는 구역

얇음 월구가 부풀어 있지 않다.

두꺼움 월구가 두꺼우면 상상력이 뛰어나고 인간관계가 좋다

금성구에 버금갈 정도로 월구가 두껍다면 눈에 보이지 않는 것을 느끼는 에너지가 강하고 많은 사람을 끌어당기는 힘을 갖추고 있다는 뜻이다. 번뜩이는 아이디어를 가졌으며 상상력이 풍부해서 문학이나 음악, 미술 등 예술적인 감각이 뛰어나다. 신비로운 것에 높은 관심을 보인다. 게다가 사람들에게 잘해서 손윗사람에게 예쁨을 받고 큰 인기를 누린다.

얇음 월구가 얇으면 마음이 좁고 대립하기 쉽다

얇은 월구는 눈에 보이지 않는 것은 믿지 않는 현실적인 성격을 나타낸다. 하지만 눈앞에 보이는 숫자에 휘둘리기 때문에 마음이 좁고 너그럽지 못하다. 비판을 일삼으며 타인과 대립하는 일도 많을 것이다. 윗사람에게 예쁨받지 못해서 실력은 있으나 활약하지 못해 손해 보는 부분도 있으니 조금만 더 유연하게 생각하면 운이 올라갈 것이다.

4 목성구로 보는 야망과 향상심

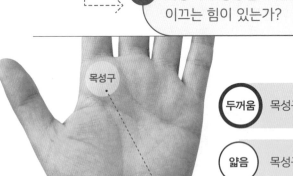

보인다! 야망이나 향상심이 있는가, 사람들을 이끄는 힘이 있는가?

목성구

두꺼움 목성구에 살집이 있고 구가 높다.

얇음 목성구에 살집이 없고 구가 낮다.

엄지 아래쪽을 둘러싼 구역

 목성구가 높고 두툼하면 향상심이 강하다

목성구가 전체적으로 두툼하게 올라와 있으면 야망이나 향상심이 강하다. 권력을 지향하는 명예욕이 있으며 사람들 위에 서고자 하는 마음이 강한 타입이다. 남을 따르기보다는 항상 앞에 서려고 한다. 지도력과 통솔력이 있기 때문에 사람들을 휘어잡을 수 있다. 이상이 높고 실행력도 있어서 꿈을 거의 다 이룰 수 있다.

 목성구가 평평하고 얇으면 소극적이고 단념이 빠르다

패기가 없어서 목표를 세워도 쉽게 포기하기 때문에 능력을 제대로 발휘하지 못한다. 또한 눈에 띄거나 책임지는 것을 싫어해서 남들 위에 서려고 하지 않는다. 타인과 충돌하는 일은 적지만, 가족에게는 막 대하는 타입이다. 운을 높이려면 자극을 주는 사람과 만나 교류를 가지자. 내면에 숨어 있던 에너지가 들끓기 시작하면 구도 점점 도톰하게 오를 것이다.

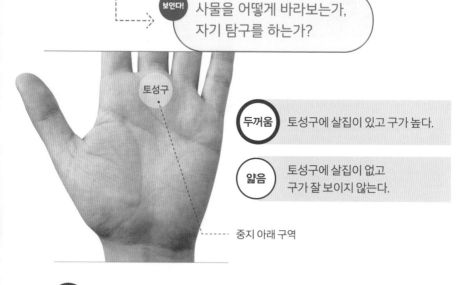

보인다! 사물을 어떻게 바라보는가,
자기 탐구를 하는가?

토성구

중지 아래 구역

두꺼움 토성구에 살집이 있고 구가 높다.

얇음 토성구에 살집이 없고
구가 잘 보이지 않는다.

두꺼움 토성구가 적당히 두툼하면 사려가 깊다

토성구는 구 중에서 비교적 높지 않은데, 적당히 두툼하면 사려가 깊고
자기 객관화가 잘되는 사람이라는 뜻이다. 타인을 끌어들이지 않고 자
신의 일은 혼자서 해결하려고 한다. 인내심이 있고 성실한 타입이다. 다
만 토성구 한가운데가 높이 올라와 있다면 무언가를 생각할 때 심각해
지기 쉽고 신경과민이 되며 남들과 비교만 하는 타입일 수 있다.

얇음 토성구가 얇으면 개성이 강하며 고립되기 쉽다

자신의 일은 크게 생각하지 않고 일단 남들에게 맞춰 움직인다. 둔하기
때문에 무슨 소리를 듣거나 당해도 화를 내기는커녕 알아차리지도 못한
다. 타인의 행동을 신경 쓰지 않고 남의 이야기에도 귀를 기울이지 않으
며 늘 자신의 페이스대로 움직인다. 자기중심적이라 대인 관계에서 고
립되기 쉽다. 남을 위해 발 벗고 나서면 사람들과 잘 어울릴 수 있다.

6 태양구로 보는 천운과 인연

보인다! 태양처럼 빛나는 '성공'을 의미한다.
일의 성공이나 경제적 안정을 얻을 수 있는가?

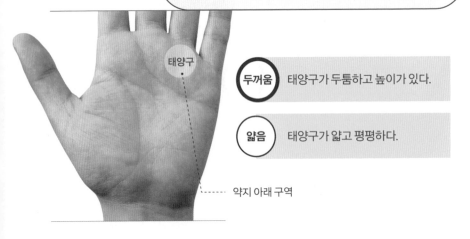

태양구

두꺼움 태양구가 두툼하고 높이가 있다.

얇음 태양구가 얇고 평평하다.

약지 아래 구역

두꺼움 태양구가 두꺼우면 돈과 명예 복이 있다

태양구가 두툼하면 하늘에서 복을 받아 행복을 손에 넣을 수 있다는 뜻이다. 경제적으로도 안정되어 풍족하게 보낼 수 있다. 일에서는 명성을 얻어 큰 성공을 거둘 수 있다. 대화나 패션 센스도 뛰어나서 사람들에게 친근감을 준다. 예술에 조예가 깊고 즐기는 능력이 있다. 무언가를 직접 만들어서 남에게 감동을 주곤 한다.

얇음 태양구가 얇으면 인복이 없어 힘을 발휘하지 못한다

태양구가 얇으면 인복이 별로 없다. 윗사람에게 예쁨을 받지 못해 능력이 있어도 발휘할 기회를 잡기가 어렵다. 남의 마음을 헤아리는 눈치가 부족해서 성공하는 데 어려움이 있다.

하지만 마음을 어떻게 먹느냐에 따라 손금은 달라진다. 배려심을 갖고 행동하면 운이 열릴 것이다.

7 수성구로 보는 커뮤니케이션 능력

보인다! 커뮤니케이션 능력, 자식운, 사업운

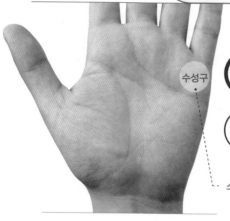

수성구

두꺼움 수성구가 두툼하고 높이가 있다.

얇음 수성구에 살이 별로 없어 눈에 띄지 않는다.

소지 아래 구역

 수성구가 두꺼운 사람은 감정 표현을 잘하고 장사꾼 기질이 있다

수성구가 두꺼우면 커뮤니케이션 능력이 뛰어나 사람과 사람을 잘 연결해 준다. 자신이 가진 정보나 감정을 잘 표현해서 남에게 영향을 준다. 사업 기회에 민감하고 장사꾼 기질이 있기 때문에 좋은 파트너가 생기면 그 길에서 성공할 수 있을 것이다. 또한 구가 적당히 단단하면 자식운도 좋아서 화목한 가정을 꾸릴 수 있다.

 수성구가 얇은 사람은 소극적이며 대인 관계에 애를 먹는다

소극적이고 대화에 서투르기 때문에 대인 관계에 애를 먹는다. 돈을 벌고자 하는 의욕도 적고 저축도 힘들어한다. 복을 타고났다 해도 자식운이 약해서 골치가 아플 것이다. 운을 높이려면 소지를 자주 움직이자. 골프나 테니스처럼 도구를 쥐는 스포츠도 좋고, 바이올린이나 드럼 같은 악기를 연주하면 소지가 단단해져 수성구도 볼록해질 것이다.

8 제1 화성구로 보는 적극성과 승부욕

보인다! 동기가 생기면 적극적으로 행동하는 타입인가?

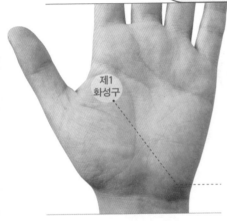

제1
화성구

두꺼움 제1 화성구가 두껍고 탄력이 있으며 윤기가 난다.

얇음 제1 화성구가 얇고 탄력이 없으며 칙칙하다.

‥‥‥ 목성구와 금성구 사이에 끼인 구역

살이 붙어 있으면 행동력이 있고 승부에 강하다

제1 화성구에 살이 있고 탄력이 있으며 윤기가 나면 의욕이 있어 적극적으로 행동한다. 경쟁에 지지 않는 강인함이 있으며 남들 앞에서 자신을 전부 드러내는 용기도 있다. 살집이 좋아도 탄력이 없을 때는 조바심이나 질투심으로 싸움을 일으키기 쉽다. 남을 궁지로 몰다가 결국 자신도 불행해질 수 있으니 마음을 다잡고 생활하자.

살이 없으면 소극적이고 경쟁을 싫어한다

제1 화성구에 살이 없어 얇으면 에너지가 부족하고 의욕이 크게 생기지 않아 흘러가는 대로 살아가고 있다는 뜻이다. 소극적이라 경쟁을 싫어한다. 늘 남들 눈에 띄지 않도록 뒤로 숨어버린다. 목표도 없고 대충 하루하루 조용히 살면 된다고 생각하기 때문에 욕심도 없다. 체력도 많이 없어서 건강을 해치기 쉽다. 특히 호흡기 질환을 조심하자.

제2 화성구로 보는 인내심

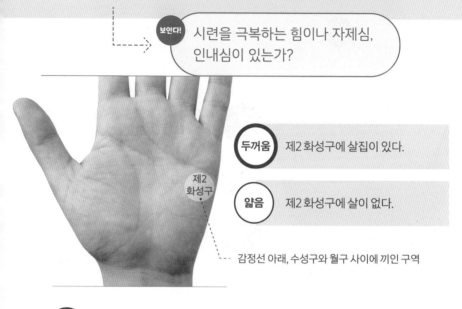

보인다! 시련을 극복하는 힘이나 자제심, 인내심이 있는가?

두꺼움 제2 화성구에 살집이 있다.

제2 화성구

얇음 제2 화성구에 살이 없다.

감정선 아래, 수성구와 월구 사이에 끼인 구역

두꺼움 제2 화성구가 두꺼운 사람은 인내심으로 고난을 극복한다

제2 화성구는 화성 평원에서 점점 높아지는 부분이다. 이곳이 두툼하면 인내심이 있고 어떤 고난이든 헤쳐 나갈 수 있는 힘이 있다. 타인이 아닌 자기 자신과 싸우는 편이다. 냉정하고 자제심이 있으며 남이 싫어하는 행동을 하지 않아 폐도 끼치지 않는다. 사려 깊게 행동하고 사물을 정확하게 판단하기 때문에 인생에서 실패하는 일은 거의 없을 것이다.

얇음 얇은 사람은 의지가 약하고 정신적으로 불안정하다

제2 화성구가 얇으면 의지가 약하고 이기적이다. 인내심이 없어서 하기 싫은 일은 손도 대지 않으려고 한다. 정신적으로 불안정해서 자신감도 없고 남에게 쉽게 휘둘린다. 말이 매번 바뀌기 때문에 신뢰를 얻기 힘든 부분도 있다. 하지만 좋아하는 일을 끈기 있게 노력하면 길이 열릴 것이다.

10 화성 평원으로 보는 자아와 표현법

 보인다! 자신을 표현하는 방법이나 성격, 대인 관계의 경향

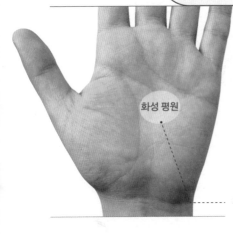

화성 평원

1 적당히 꺼져 있고 전체적으로 탄력과 윤기가 있다.

2 극단적으로 꺼져 있다.

3 화성 평원이 꽤 두껍다.

각 구에 둘러싸여 푹 꺼져 있는 손바닥 가운데 구역

1 적당히 꺼져 있으면 성격이 온후해서 신뢰를 모은다

감정에 좌우되지 않고 사물을 정확히 보는 눈을 가졌다. 성격이 온후하고 다정해서 평온하게 생활한다. 성실하고 일도 꼼꼼히 해서 믿음을 주기 때문에 순조롭게 발전할 것이다.

2 극단적으로 꺼져 있으면 무기력하고 소극적이다

무슨 일에든 관심이 별로 없고 소극적이며 투쟁심도 없다. 몸도 그다지 튼튼하지 않아 격렬한 운동을 싫어하고 꾸준히 하지 못한다. 좋은 파트너를 만나면 생활이 개선되어 살집도 좋아질 것이다.

3 꽤 두꺼우면 투쟁 본능이 강하고 자기중심적으로 생각하기 쉽다

항상 싸우는 것을 좋아한다. 문제를 해결하려는 용기가 넘쳐 피해를 볼 때도 있다. 체력을 신경 쓰지 않고 행동하기 때문에 다치지 않도록 주의하자.

손금에 나타나는 사인

손에는 행운이나 불운을 알리는 사인이 나타난다.
나타나는 장소와 모양의 뜻을 합쳐서 손금을 읽어보자.

행운(+불운) 사인

별

행운과 성공. 일부는 재난
3개 이상 선이 교차되어 나타나는 별 모양은 행운과 성공을 상징하는 강한 운의 사인이다. 그러나 중지 아래 토성구에 나타났을 때는 재난을 암시하니 기억해 두자.

삼각형

재능이 꽃을 피우는 성공의 상징
가로와 세로 삼대선 등 주요한 선의 일부가 아니라 단독으로 나타나는 삼각형은 그 위치에 있는 구의 뜻을 강하게 만든다. 그 분야에서 재능이 꽃을 피우고 성공한다는 뜻이다.

사각형

위기 회피와 트러블 암시
사고나 부상, 파산 등 심각한 위기를 만날 운명이었지만, 사각형이 나타나면서 기적적으로 피하게 된다. 그러나 감정선 위에 나타났다면 트러블을 암시하니 주의해야 한다.

원

대성공 또는 수해에 대한 경고
각지지 않고 동그란 원은 보기 드문 사인이다. 특히 태양구에 나타났다면 대성공을 거둔다는 큰 행운의 사인이다. 하지만 월구에 나타났다면 수해 사고를 조심해야 한다.

불운 사인

섬

건강 상태 경고
사슬처럼 생긴 모양을 '섬'이라고 부르는데, 주요 선 중간에 나타난다. 생명선 위에서는 만성 질환, 두뇌선 위에서는 정신적 불안감, 감정선 위에서는 심장이나 눈 관련 질병을 주의해야 한다는 뜻이다.

뚝뚝 끊어진 모양

운세에 부정적인 의미를 준다
주요 선 중간이 끊어지거나 짧은 선이 여러 개 이어져 이루어졌다면 선의 뜻에 부정적인 의미를 주거나 전환기를 나타낸다.

격자무늬

운세의 정체 또는 전환점 암시
여러 구에서 보이는데, 구가 가지는 운의 정체나 불안정을 나타낸다. 순조롭던 운세에 전환점이 찾아온다는 암시이므로 마음을 단단히 먹고 임하도록 하자.

사슬 모양

피로한 상태이므로 휴식이 필요하다
'사슬'이란 섬이 여러 개 이어져서 사슬처럼 보이는 선을 말한다. 주요 선에 나타나서 그 선이 가지는 의미를 약하게 만든다. 대부분 육체적, 정신적인 피로를 나타내니 휴식을 취하도록 하자.

구에 나타나는 행운 사인

❶ 삼각형은 해당 구의 의미를 강하게 만드는 사인

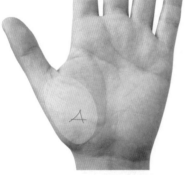

주요한 선과 상관없이 단독으로 가느다랗게 삼각형을 이룬 선이 있다면, 그 선이 있는 구의 의미가 더 강해진다. 성공의 행운 사인이며 해당 분야에서 활약할 것이다.

❷ 목성구에 나타나는 크로스는 만남이 많은 사인

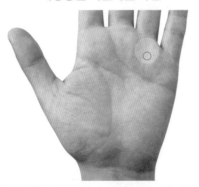

세로선과 가로선이 직각으로 교차하는 것을 '크로스'라고 한다. 목성구에 크로스가 나타나면 연애 면에서 행운 사인이기 때문에 좋은 만남에 둘러싸여 즐거운 인생을 보낼 것이다.

❸ 태양구에 나타나는 원은 대성공을 거둔다는 사인

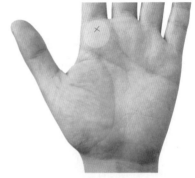

선이 원 모양으로 나타나는 경우는 거의 보기 드물다. 태양구에 원이 나타났다면 대성공을 거둔다는 뜻이다. 세상에 이름이 알려지고 큰 부를 얻게 될 것이다.

❹ 수성구에 나타나는 사각형은 자금난을 극복하는 사인

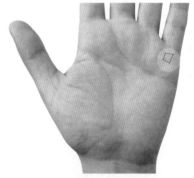

현재의 경제 상황을 나타내는 수성구에 보호의 의미를 암시하는 사각형 모양이 나타났다면, 자금난에서 벗어난다는 뜻이다. 갑자기 큰돈이 필요할 때 기적처럼 돈이 들어와 위기를 극복할 수 있다.

① 손바닥에 점이 나타났다면 몸과 마음이 모두 지쳐 있다는 뜻

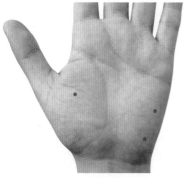

몸과 마음이 모두 피로에 지쳐 사고나 병이 나기 쉬운 상태다. 거무스름하게 붉은 점은 부상, 그냥 붉은 점은 열이 나는 병, 거무스름한 점과 푸르스름한 점은 체력과 정력이 감퇴했다는 뜻이다. 점이 사라질 때까지는 신경을 쓰도록 하자.

② 수성구에 나타난 섬은 돈 때문에 고생함을 암시

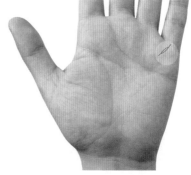

선이 중간에 갈라졌다가 다시 만나 사슬 또는 눈 모양을 만드는 것이 '섬'이다. 수성구에 섬이 있으면 돈 때문에 골치깨나 아플 수도 있다. 빚을 지는 등 돈으로 고생할 가능성이 있다.

③ 토성구에 나타난 별 모양은 재난을 암시

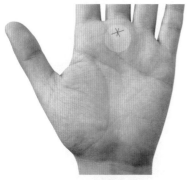

행운 사인 ②번 크로스에서 선이 하나 더 추가되면 별 모양이 된다. 별 모양은 원래 행운 사인으로 강한 운을 상징하지만, 토성구에 나타난 경우는 재난을 당할 수 있으므로 비상시를 대비해 두자.

④ 월구에 나타난 원은 수해를 암시

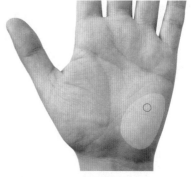

월구에 원이 나타났다면 수해를 입을 가능성이 높아진다는 뜻이다. 이미 수해를 입었다 해도 마음을 놓아선 안 된다. 다시 수해를 입을 수도 있으니 물이 있는 곳은 조심하자.

손금 지도

프롤로그에서 해설한 구, 가로 삼대선, 세로 삼대선, 기타 선을 정리해서 한꺼번에 표기했다.

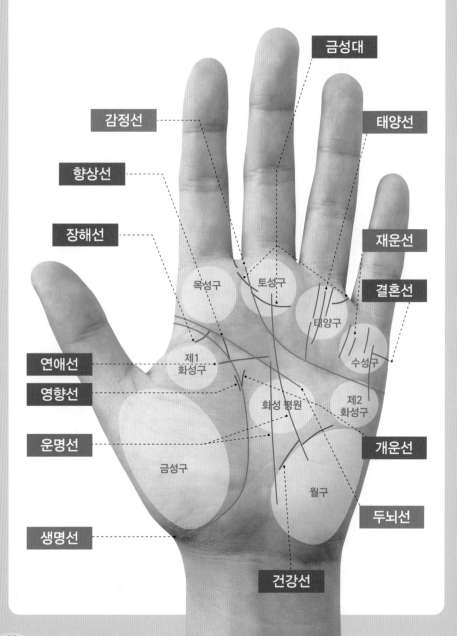

금성대

감정선

태양선

향상선

장해선

재운선

결혼선

목성구   토성구

태양구

연애선   제1
화성구

영향선

수성구

화성 평원   제2
화성구

운명선

개운선

금성구

월구

두뇌선

생명선

건강선

2장

가로 삼대선으로
보는 손금

이번에는 기본 중의 기본이자 손금에 가장
큰 영향을 주는 '가로 삼대선'을 배워보자. 가
로 삼대선이란 '생명선', '두뇌선', '감정선'을 말
하는데, 이 3개의 선을 보면 기본적인 성격
이나 운명을 판단할 수 있다.

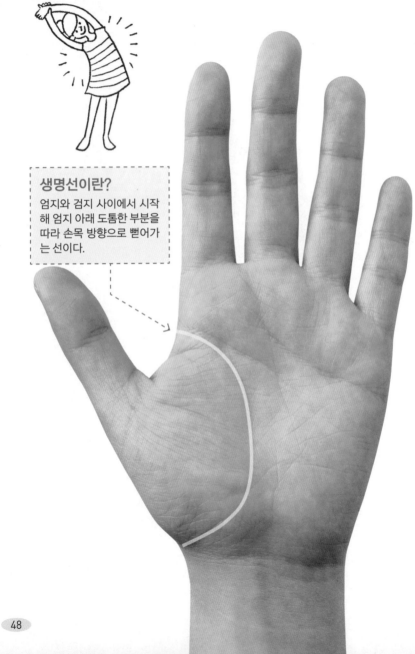

생명선이란?
엄지와 검지 사이에서 시작
해 엄지 아래 도톰한 부분을
따라 손목 방향으로 뻗어가
는 선이다.

> 생명이 깃든 몸의 상태를 말해주는 선.
> 인생의 흐름이나 큰 전환기를 알 수 있다.

그 사람의 인생이 어떻게 흘러가는지 보기

생명선은 엄지와 검지 사이에서 시작해 엄지 아래 도톰한 부분을 따라 손목 방향으로 뻗어가는 선을 말한다.

생명선을 보면 생명이 순조롭게 이어지는지, 몸의 상태는 어떤지 알 수 있다. 또한 그 사람의 일생이 어떤 식으로 전개되는지 대략적인 일생의 흐름을 볼 수 있다. 그 밖에 환경에 변화가 일어나는 시기나 연애 또는 결혼 시기, 가치관이 변화하는 시기 등 인생의 전환기도 생명선 위에 나타난다.

생명선에 나타나는 선이나 모양은 살아가면서 주의할 점을 알려준다

생명선 자체가 섬(61쪽 참고)을 만들거나 한 번 끊어지고 옆에서 감싸는 선이 나올 때도 있다.(64쪽 참고) 혹은 생명선으로 얇은 지선이 흘러 들어오거나 나갈 때도 있다. 생명선을 가로질러 개운선(182쪽 참고), 향상선(180쪽 참고), 연애선(152쪽 참고) 등의 선이 나타나기도 한다.

생명선은 생명의 위기가 찾아왔을 때 갑자기 끊어지는 경우도 많다. 지금까지 이어져 있던 선이 끊어졌을 때는 충분히 주의하고 자신의 생활을 다시 돌아보는 것이 중요하다. 생명선은 중간에 곁에 있던 선이 감싸는 경우도 있다. 몸 상태가 나쁠 때는 생명선과 그 주변이 짙은 갈색을 띤다.

생명선으로 알 수 있는 것
▶ 인생을 살아가는 법
▶ 건강 상태와 수명
▶ 체력이나 기력의 상태
▶ 연애나 결혼 시기
▶ 부상이나 병의 전조

내 손금을
찾아보자!

생명선 유형
한눈에 보기

'생명선'으로 해설하는 손금 일람표. 끝까지 읽어보고 공부를 마쳤다면, 손금을 보며 선을 찾을 때나 복습할 때 활용하자.

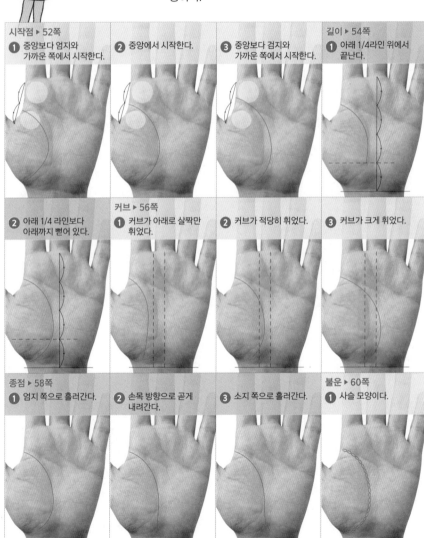

시작점 ▶ 52쪽
① 중앙보다 엄지와 가까운 쪽에서 시작한다.

② 중앙에서 시작한다.

③ 중앙보다 검지와 가까운 쪽에서 시작한다.

길이 ▶ 54쪽
① 아래 1/4라인 위에서 끝난다.

② 아래 1/4 라인보다 아래까지 뻗어 있다.

커브 ▶ 56쪽
① 커브가 아래로 살짝만 휘었다.

② 커브가 적당히 휘었다.

③ 커브가 크게 휘었다.

종점 ▶ 58쪽
① 엄지 쪽으로 흘러간다.

② 손목 방향으로 곧게 내려간다.

③ 소지 쪽으로 흘러간다.

불운 ▶ 60쪽
① 사슬 모양이다.

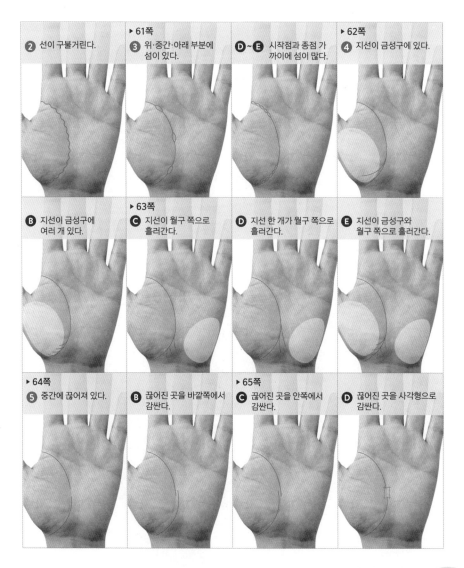

② 선이 구불거린다.

▶ 61쪽
③ 위·중간·아래 부분에 섬이 있다.

D ~ E 시작점과 종점 가까이에 섬이 많다.

▶ 62쪽
④ 지선이 금성구에 있다.

B 지선이 금성구에 여러 개 있다.

▶ 63쪽
C 지선이 월구 쪽으로 흘러간다.

D 지선 한 개가 월구 쪽으로 흘러간다.

E 지선이 금성구와 월구 쪽으로 흘러간다.

▶ 64쪽
⑤ 중간에 끊어져 있다.

B 끊어진 곳을 바깥쪽에서 감싼다.

▶ 65쪽
C 끊어진 곳을 안쪽에서 감싼다.

D 끊어진 곳을 사각형으로 감싼다.

가로 삼대선으로 보는 손금　**51**

시작점 보는 법

검지 경계선과 엄지 경계선 사이를 이등
분한 부분을 기준으로 삼고, 생명선이 어
디에서 시작하는지 본다.

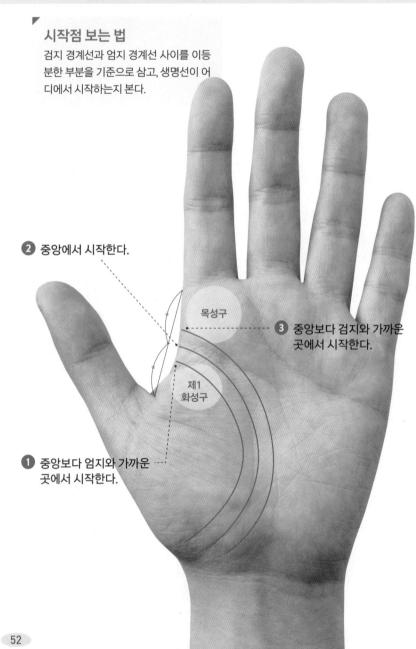

❷ 중앙에서 시작한다.

목성구

❸ 중앙보다 검지와 가까운
곳에서 시작한다.

제1
화성구

❶ 중앙보다 엄지와 가까운
곳에서 시작한다.

정의감이 강한가, 야망이 있는가, 상식이 있는 인물인가. 생명선이 시작하는 곳을 보면 기질이나 인생을 살아가는 법을 알 수 있다.

❶ 엄지 쪽에서 시작하면 야망이나 향상심이 강한 사람

생명선이 엄지 쪽에서 시작하면, 투쟁심을 뜻하는 제1 화성구는 좁아지고 향상심을 나타내는 목성구가 넓어지기 때문에 목성구의 의미가 더 강해진다.

생명선이 아래쪽에서 시작하는 사람은 야망이나 향상심이 너무 강해서 사리사욕을 위해 행동한다. 내 이익만 추구하다 보면 쉽게 트러블이 생길 것이다. 타인이나 사회를 위해 할 수 있는 일을 하다 보면 결국 내 이익으로 돌아온다. 같은 엄지 쪽이라도 살짝 윗부분에서 시작하면 사교적이라서 인맥이 넓어진다.

❷ 가운데에서 시작하는 사람은 균형 감각이 뛰어난 사람

생명선이 엄지와 검지 사이의 한가운데에서 시작한다면 목성구의 향상심이나 야망, 제1 화성구의 적극성과 투쟁심을 골고루 갖추고 있다는 뜻이다.

나도 좋고 모두 다 좋아야 한다는 생각을 갖고 있어서 남을 위해 자신이 할 수 있는 일을 하긴 하지만, 무리는 하지 말자는 주의다. 주관이 뚜렷하기 때문에 대인 관계에서 트러블이 거의 없고 신뢰를 얻는 사람이다. 인생은 안정적이고 풍파가 적으며 자신이 이상적으로 생각하는 생활을 보낼 수 있다.

❸ 검지 쪽에서 시작하면 사회를 위해 사는 사람

생명선이 검지 쪽에서 시작하면 향상심이나 야망을 나타내는 목성구는 좁아지고 적극성이나 투쟁심을 나타내는 제1 화성구가 넓어지기 때문에 제1 화성구의 의미가 강해진다. 정의감이 강해서 자신보다는 타인이나 사회를 위해 힘을 쓰곤 한다. 그런 선의 때문에 속는 일도 있으니 주의해야 한다.

또한 생명선이 검지 쪽과 가까운 곳에서 시작할수록 제1 화성구의 의미가 강해져서 과격한 사상이나 행동으로 치우치는 면이 있다.

길이 보는 법

생명선의 길이는 중지 경계선과 수경선
사이를 사 등분했을 때, 아래 1/4 라인을
기준으로 위에서 끝나는지, 아래까지 넘
어가는지를 본다.

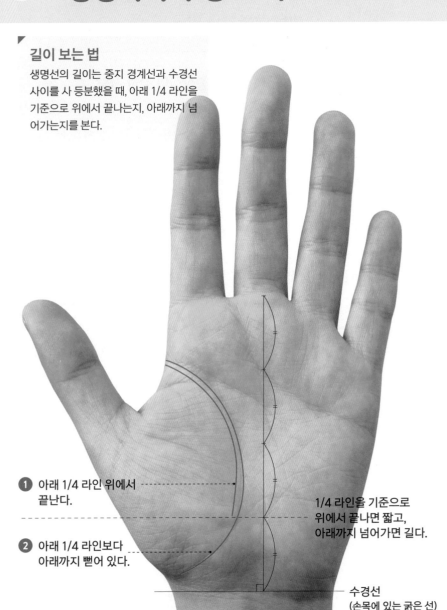

❶ 아래 1/4 라인 위에서
끝난다.

❷ 아래 1/4 라인보다
아래까지 뻗어 있다.

1/4 라인을 기준으로
위에서 끝나면 짧고,
아래까지 넘어가면 길다.

수경선
(손목에 있는 굵은 선)

길이는 생명력의 세기나 건강 상태를
나타낸다. 건강하게 사는 방법을 알아보자.

❶ 생명선이 짧으면 태어났을 때 트러블이 있었다는 뜻

생명선이 짧으면 수명이 짧다고들 하지만, 사실 그렇지 않다. 생명선이 엄지 아래의 도톰한 구역 중간에 멈춰 있다면, 태어나기 전 뱃속에 있었을 때 일시적으로 호흡이 멈췄거나 태어나는 과정에서 난산을 겪었다는 뜻이다. 그래서 현재 건강에 문제가 없다면 크게 걱정하지 않아도 된다. 오히려 다시 태어났거나 업보를 털어버린 것으로 이번 생에서는 자유롭게 살아갈 수 있다.

하지만 한 가지 주의할 점이 있다. 편한 것만 찾거나 남의 힘으로 뜻을 이루거나 남에게 전부 떠넘기는 버릇을 들이면 나중에 고생한다. 타인이나 사회를 위해 무언가를 해서 덕을 쌓으면 명도 다시 길어질 것이다.

또한 생명선이 짧더라도 다른 생명선이 바깥쪽에 있으면, 긴 생명선과 의미가 거의 같아진다.

❷ 생명선이 길게 뻗었다는 것은 장수의 사인

생명선이 손목까지 길게 뻗어 있으면 수명이 길다는 뜻이다. 선이 뚜렷하고 끊어지지 않았다면 큰 병치레 없이 말년까지 건강하게 보낼 수 있다.

타인에게 휩쓸리는 일이 별로 없기 때문에 자신의 페이스를 유지하며 무리하지 않는다. 식생활을 철저히 관리하며 과식이나 과음하는 일이 없고 잠도 깊이 잔다. 피로를 말끔히 씻어낸 덕분에 항상 에너지가 넘친다.

선이 연하거나 얇거나 사슬 모양(60쪽 참고)이라면 수명은 길지만 건강 문제가 생기기 쉬워진다. 건강을 챙기지 않거나 위험을 무릅쓰는 경우에도 선이 끊어지는 등 생명의 위험을 알리는 표시가 나타난다.(64쪽 참고) 건강상 피해를 입어 감정적으로 불안정해지면 쉽게 사고가 나 생명의 위기를 초래하기도 한다. 항상 직감을 곤두세워 건강을 과신하지 말고 규칙적이고 바른 생활을 하도록 하자.

생명선의 커브로
정력 보기

▶ 커브 보는 법

검지와 중지 사이, 그리고 중지의 경계선 중심에서 각각 수경선까지 직선으로 보조선을 그린다. 검지와 중지 사이에서 그린 보조선 앞에서 휘었으면 '작은 커브', 보조선 앞에서 휘었으면 '적당한 커브', 중지의 보조선보다 커브가 더 나왔으면 '큰 커브'로 본다.

❶ 시작점에서 커브가
크게 휘지 않고 아래로
뻗어 있다.

❷ 손바닥 중앙을 향해
적당한 커브를 그린다.

❸ 시작점에서 손바닥
중앙을 지나 큰 커브를
그린다.

수경선

생명선의 커브는 활력의 상징. 커브가
클수록 몸과 마음 모두 정력이 왕성하다.

❶ 커브가 완만하다면 밥을 잘 챙겨 먹자

생명선이 거의 휘지 않고 완만하면 에너지가 약하고 태생이 허약한 체질이었다
는 뜻이다.

지금은 건강하더라도 한번 병으로 쓰러지면 나을 때까지 시간이 걸릴 수 있
다. 병에 걸리지 않는 것이 가장 중요하다. 평소에도 여유 있는 스케줄로 행동하
고, 조바심을 내지 않도록 신경 쓰자. 식사를 규칙적으로 해서 체력이 점점 생기
면 엄지 주변에 있는 금성구도 볼록해지고 운이 올라간다.

❷ 커브가 적당한 사람은 건강한 몸의 소유자

생명선의 커브가 적당하면서 완만한 곡선을 그리고 있다면 내부에 있는 에너지
를 골고루 쓰고 있다는 뜻이다. 움직일 때는 확실히 움직이고, 쉴 때는 느긋하게
쉬는 것을 자연스럽게 할 수 있는 사람이라서 건강한 몸을 유지할 수 있다.

평소에 일을 할 때 잘 먹고 잘 자도록 늘 신경 쓰기 때문에 피로가 쌓이는 일이
없다. 컨디션이 망가지기 전부터 몸이 '과로했어'라는 사인을 보내주기 때문에
무리할 일은 없다.

❸ 커브가 큰 사람은 에너지 넘치는 체력왕

생명선이 큰 커브를 그린다면 육체적으로나 정신적으로 건강하고 에너지가 넘
치는 사람이다. 몸을 활발히 움직였을 때 쾌감을 얻는 타입으로, 의지가 강하다
면 큰 성공을 거둘 수 있다.

생명선이 크게 커브를 그리는 사람은 엄지 아랫부분이 볼록 솟아오른 경우가
많은데, 이 손금을 가진 사람은 자신의 체력에 한계가 올 때까지 움직이는 사람
이다. 가끔 흥분해서 격하게 움직이다가 관절이나 근육 등 몸이 다치는 경우가
있으니 주의하자.

종점 보는 법

생명선의 종점이 엄지, 손목, 소지 가운데
어느 방향으로 흘러가는지로 판단한다.

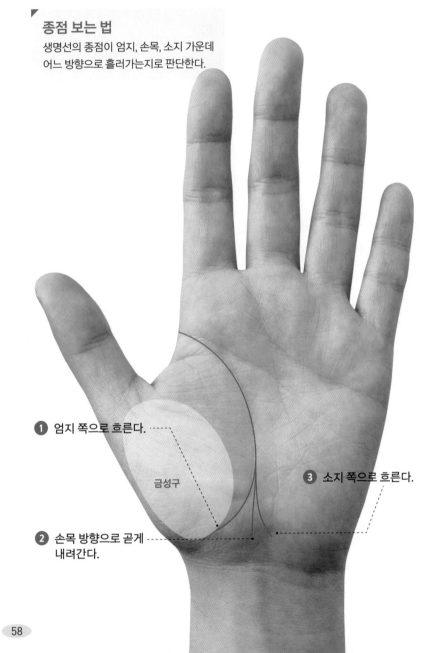

① 엄지 쪽으로 흐른다.

금성구

② 손목 방향으로 곧게
내려간다.

③ 소지 쪽으로 흐른다.

생명선 종점이 어느 쪽으로 흐르는가에 따라
체력이나 기력의 정도를 알 수 있다.

❶ 엄지 쪽으로 흐르면 모든 사람에게 사랑받는다

생명선이 금성구(34쪽 참고)를 둘러싸듯 지나서 엄지 쪽을 향해 흘러간다면 가장
이상적인 모양으로 체력과 기력이 충만하다는 뜻이다.

애정을 듬뿍 받고 자라 모든 사람에게 귀여움을 받는다. 주위 사람들과 조화
를 유지하면서도 자신의 페이스를 지킬 줄 아는 사람으로 견실하고 안정적인 인
생을 보낼 수 있다.

자신의 고향과 탄탄한 연결고리가 있어 지역에 이바지하고 큰일을 이룬다.

❷ 손목 방향으로 곧게 내려가면 체력이 없고 소극적이다

생명선이 손목 쪽으로 곧게 내려간다면 체력이 별로 없고 기력도 부족하다는 뜻
이다. 육체적, 정신적으로도 불안정한 부분이 있어서 무슨 일을 시작해도 바로
지치거나 싫증을 낸다. 건강에 관해서는 무리만 하지 않으면 심각한 문제로 발
전하지는 않기 때문에 피로가 쌓이지 않게 관리하자.

육체적으로도 적극적이지 못해서 결혼이 늦어지거나 독신을 유지하는 경우도
적지 않다. 여성이 이 손금을 가졌다면, 아이를 낳지 않는 경우도 있다.

❸ 소지 쪽에서 끝난다면 변화를 추구하는 타입이다

생명선이 소지 쪽으로 흘러가 끝난다면, 넘치는 기력 탓에 한 군데에 가만히 있
질 못한다. 새로운 것에 자극받는 일을 좋아해서 휴식을 취하기보다는 움직일
때가 더 편하다고 느낀다. 항상 변화를 추구하는 타입이라 주거지나 직업 등이
자주 바뀐다.

하지만 정력적으로 너무 많이 움직이면 체력이 따라가지 못하는 일이 생긴다.
계속 무리하다 보면 신장, 간, 생식기에 트러블이 생길 위험도 있다. 몸이 울부짖
는 소리에 귀를 기울이고 적당히 휴식을 취하도록 하자.

5 생명선에 나타난 불운 사인

① '사슬 모양'은 육체적으로 약하다는 사인

생명선이 뚜렷하지 않고 자잘한 섬이 이어져 있듯이 사슬 모양을 띤다면, 사소한 일로도 육체에 무리가 가기 쉽다는 뜻이다. 태생적으로 체력이 허약하고 그중에는 큰 병을 앓는 사람도 있다. 무슨 일을 해도 끈기가 없고 노력을 하려고 해도 몸이 따라주질 않아서 중도에 쉽게 포기해 버린다.

이 손금을 가진 사람은 너무 서두르지 않는 것이 중요하다. 사회가 요구하는 페이스에 맞추려면 스트레스가 쌓이니 자신의 페이스대로 나가자.

② 구불구불한 모양은 고생의 상징

생명선이 파도처럼 구불구불한 모양은 산전수전을 겪는 인생이다. 편한 길도 있지만 일부러 힘든 길을 택하는 경향이 있다.

대인 관계에서도 애를 먹을 수 있다. 평소에는 말을 잘하고 기가 센 부분도 있지만, 사실은 마음이 약해서 정작 중요한 말을 하지 못한다. 타인에게 휩쓸리기 쉽고 사람이 좋아 사기를 당하는 일도 많으니 때와 장소에 따라서는 경계심을 갖자. 할 말을 똑똑히 전하는 용기를 가진다면 인생이 바뀔 것이다.

③ 섬은 컨디션 난조의 상징

A 위쪽에 섬이 있다

무리를 하면 몸이 망가지기 쉬운 체질이다. 특히 폐나 기관지 등 호흡기가 약해서 지병으로 천식을 앓는 사람에게서 볼 수 있다. 몸이 안 좋으면 바로 검사해 보자. 섬이 검지의 폭보다 길다면 혈압 변화에 주의하자.

B 중간에 섬이 있다

소화기가 약하다. 중년 이후에 성인병, 용종이나 종양 등이 생길 가능성이 있다. 몸 관리를 잘해서 조기에 발견하거나 바로 치료하도록 하자.

C 아래쪽에 섬이 있다

하반신의 장기가 약하다. 간, 신장, 방광에 병이 걸리기 쉽고, 계속 무리하면 순환기까지 나빠질 수도 있다.

생식기에도 영향이 잘 나타나서 정신적으로도 불안정해지기 쉽다. 체력을 생각해서 중노동이나 과격한 운동은 피하고 몸을 차게 하지 말자.

D 시작점 근처에 섬이 많다

성인이 되기 전에는 허약 체질이라 감기에 잘 걸리고 배탈이 나는 경향이 있다.

꾸준히 운동해 체력을 키우자.

E 종점 근처에 섬이 많다

말년에 병을 앓는다. 평소의 식생활이 몸을 만드니 제대로 된 식사를 하도록 하자.

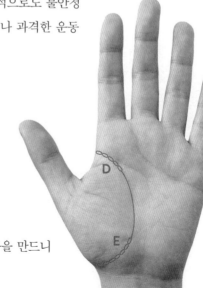

④ 끝부분의 '지선'은 체력 감퇴나 트러블의 전조

A 지선이 금성구에 있다

생명선의 본선에서 금성구를 향해 지선이 하나 나 있다면 활력이 있고 도전 정신이 왕성하다는 뜻이다. 생명선의 본선과 지선이 모두 굵고 선명하게 났다면, 생활을 두 군데에서 한다는 뜻이다. 대부분 집과 직장, 집과 별장, 드물게는 집과 내연 관계에 있는 사람의 집. 이렇게 집을 두 채 갖게 된다.

체력이 있고 피로를 잘 느끼지 못하는 몸이라 병에 잘 걸리지 않지만, 건강만 믿고 너무 무리하면 갑자기 쓰러질 수도 있다. 특히 하반신에 병이 날 확률이 높으니 주의하자.

금성구

B 지선이 금성구에 여러 개 있다

생명선의 본선에서 금성구를 향해 지선이 여러 개 나 있다면 생명 에너지가 약하다는 뜻이다. 몸 상태가 좋지 않아 잠을 자도 피로가 풀리지 않는 상태다. 병에 걸리기 쉬워서 한번 쓰러지면 피해가 커진다. 특히 위장 같은 소화기에 주의가 필요하다.

또한 정신적으로 여유가 없어서 감정 기복이 심해진다. 사소한 일도 크게 받아들여서 풀이 죽는 일도 많다. 대인 관계에서도 부정적인 면이 눈에 띄어 트러블에 휘말리기 쉽다.

금성구

C 지선이 월구 쪽으로 흐른다

생명선의 본선은 엄지 쪽으로 흐르고, 지선이 월구(35쪽 참고)
쪽으로 여러 개 나 있다면 체력이 떨어지고 신경이 예민해진
심각한 상황이다. 호르몬 밸런스가 무너진 탓에 정
서가 불안정해져서 인간관계에서도 애를 먹는다.

　이성에게도 소극적이라 만나도 진전이 없다. 잘 먹
고 규칙적인 생활을 하자. 배우자와 궁합이 특출나게
좋지 않다면 아이를 가지기 어려울 수 있다.

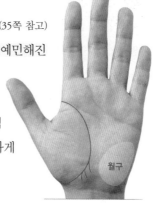

D 지선 한 개가 월구로 흐른다

생명선이 나뉘어 하나는 엄지 쪽 구를 감싸듯 흐르고, 다른 하
나는 월구 쪽으로 흐르는 패턴에는 두 가지가 있다.

　① 선 2개가 일찍 갈라져 크게 벌어져 있다면 집을 물려받
지 않고 고향을 떠난다. 좁은 세계를 견디지 못하
고 변화를 좋아하며 타고난 행동력으로 활동한다.

　② 선 2개가 마지막에 갈라져 작게 벌어져 있다면
과로로 체력이 감퇴한 상태다. 건강 관리를 하지 않으면
말년에 병을 앓기 쉽고 경제적으로도 불안정해진다.

E 지선이 금성구와 월구 쪽으로 흐른다

원래 몸이 그렇게 튼튼하지 않은 데다 육체적으로나 정신적
으로 쇠약해져 있다는 뜻이다. 쉽게 지치기 때문에 몸 상태가
나빠지면 마음까지 울적해지는 악순환이 일어난다.
무리를 해서 쓰러지면 쉽게 회복이 안 되니 잘 먹
고 잘 자서 체력을 키우자.

　믿음이 가는 의사를 만나 안정감이 들면 상황이 개
선될 것이다.

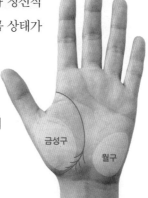

⑤ 끊어진 생명선은 건강과 인생의 전환기를 나타낸다

A 중간에 끊어졌다

생명선이 중간에 끊어졌다면 그 지점에서 인생에 어떤 중대한 사건이 일어난다는 뜻이다. 언제 일어날지는 유년법(66쪽 참고)으로 보면 알 수 있다.

생명 에너지가 약해졌기 때문에 건강이 불안하다. 갑자기 쓰러지거나 예기치 못한 사고에 휘말릴 수도 있다.

생명선이 끊어져 있다면 특히 건강 관리에 주의하자. 위험한 곳은 피하도록 한다.

B 끊어진 부분을 바깥쪽에서 감싼다

생명선이 중간에 끊어져 있고 그 부분을 바깥쪽에서 겹치듯 감싸는 선이 있다면, 그 지점에서 큰 사건이 일어나지만 눈에 보이지 않는 힘의 도움을 받는다는 뜻이다.

끊어진 지점의 나이쯤 됐을 때 직업이 바뀌거나 거처를 옮기는 등 환경의 변화가 있다. 그 때문에 점점 에너지가 생겨서 행동이 활발해질 것이다. 가끔 파이팅이 넘쳐 마음만 앞서고 몸이 따라가지 못할 수도 있으니 조심하자.

C 끊어진 부분을 안쪽에서 감싼다

생명선이 중간에 끊어져 있고, 그 부분을 안쪽에서 겹치듯 감싸는 선이 있다면 그 시기에 큰 피해를 입는다는 뜻이다. 특히 건강상 문제가 많은데, 유년법으로 따진 시기에 몸이 약해질 가능성이 있으니 조심하고 또 조심해야 한다.

그때는 남을 위해 좋은 일을 해서 덕을 쌓자. 생명선과 생명선 사이에 선이 생겨 얇은 사각형을 이룬다면 위기를 극복할 수 있다.

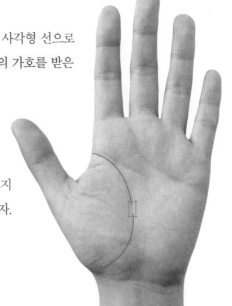

D 끊어진 부분을 사각형으로 가둔다

생명선이 끊어져 있지만 그 부분을 얇은 사각형 선으로 가두었다면, 원래 위험이 있었지만 조상의 가호를 받은 덕분에 생명을 지켰다는 뜻이다.

원래는 끊어진 지점의 나이 때 트러블에 휘말린다는 암시다. 조상에게 감사하는 마음을 갖거나 타인에게 덕을 베풀어서 피할 수 있다. 그러나 과신해서 우쭐해지면 이 사각형이 사라지고 말 테니 주의하자.

생명선 위에 나타나는 전환기 사인
유년법으로 언제 무슨 일이 일어나는지 알 수 있다

생명선에 나이를 대입해서 전환기가 언제인지 알아보기

생명선은 인생의 흐름을 보는 중요한 선이다. 인생에서 변화가 일어나는 시기에 생명선 위로 그 사인이 나타난다. 그 시기가 언제인지 알 수 있는 방법이 '유년법'이다.

생명선은 엄지와 검지 사이에서 시작해 시작점을 15세로 하고 엄지를 빙글 감싼 후 마지막에 손목 쪽을 100세로 정한다. 시작점에서 검지까지 너비를 21세로 하고, 다음을 29세, 40세, 56세, 72세로 나이를 대입한다. 만약 생명선이 짧거나 중간에 끊어졌을 때도 그 선이 이어져 손목까지 갔다는 가정하에 나이를 본다.

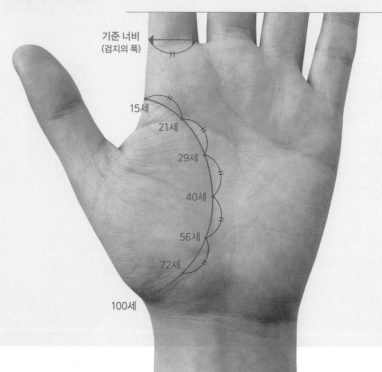

기준 너비
(검지의 폭)

15세
21세
29세
40세
56세
72세
100세

이런 선은 이런 뜻!

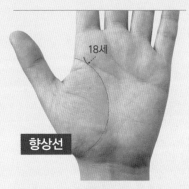

향상선

생명선에서 위로 향하는 지선의 시작점은 노력하는 시기를 나타낸다

생명선의 시작점 근처에서 검지를 향해 향상선이 뻗어간다. 사진 속 손에서는 18세쯤에 수험 공부를 하는 등 꽤 노력했다는 사실을 알 수 있다. 생명선에서 중지로 향하는 개운선을 보면 개운 시기를 알 수 있다.

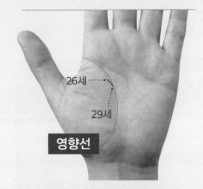

영향선

엄지 쪽에서 시작한 지선이 합류하는 지점은 결혼 시기를 나타낸다

얇은 선이 시작한 지점은 누군가 의지가 되는 사람과의 만남을 나타내고, 생명선과 합류하는 지점에서 그 사람과 결혼하는 경우가 대부분이다. 이 사진에서는 26세에 운명의 사람과 만나 29세에 결혼했다는 뜻이다.

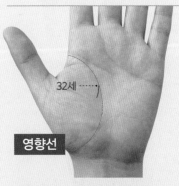

영향선

생명선 중간에서 난 가지는 바빠지는 시기를 나타낸다

생명선 중간에 가지가 갈라져 생명선 안쪽(금성구)으로 뻗는 선은 그 나이 때부터 바빠진다는 뜻이다. 이 사진에서는 32세쯤부터 무척 바빠진다는 것을 알 수 있다.

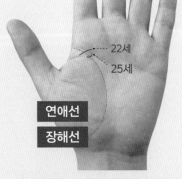

연애선
장해선

선이 교차하는 지점은 연애 또는 트러블 시기를 알 수 있다

연애선이나 장해선이 생명선과 교차한 지점에서 미련이 남는 연애를 하거나 사건이나 사고에 휘말린다. 이 사진에서는 22세에 폭풍 같은 사랑을 하고 25세에 병에 걸리거나 사고가 난다는 암시가 있다.

2 두뇌선
사업과 능력 보기

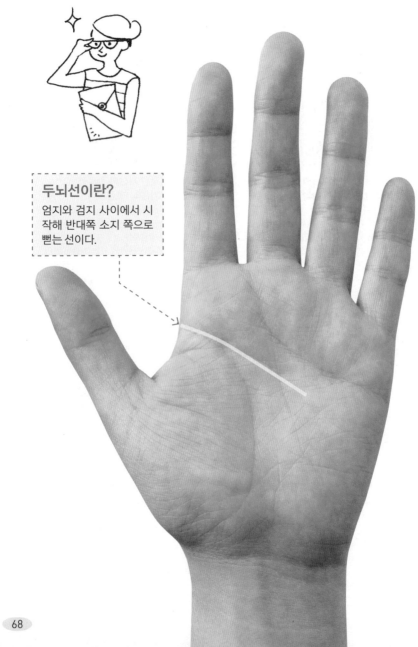

두뇌선이란?
엄지와 검지 사이에서 시
작해 반대쪽 소지 쪽으로
뻗는 선이다.

두뇌선의 길이나 커브 모양으로
재능이나 천직을 읽어낸다.

사고방식의 타입이나 재능을 알면 업무에서 힘을 발휘할 수 있다

두뇌선은 엄지와 검지 사이에서 시작해 반대쪽 소지 쪽으로 뻗는 선이다. 평소에 어떻게 사고하는지 나타나는 선인데, 그 모양에 따라 사고방식을 알 수 있다. 두뇌선이 긴지 짧은지에 따라 생각을 실행으로 옮기는 속도를, 그리고 커브 모양으로 표현력이 얼마나 풍부한지 알 수 있다.

그리고 두뇌선이 향하는 구를 보면 그 사람이 어떤 재능을 갖췄는지도 알 수 있다. 현실적이고 숫자에 강하며 계산이 빠른지, 아니면 창조적이고 표현하는 재능이 뛰어난지 파악한다. 자신에게 맞는 천직을 고르는 데 참고하자.

암시를 읽어내 트러블을 미연에 방지한다

머리의 병이나 부상과 관련된 사인도 나타난다. 트러블을 일찍 알아차리면 대책을 세울 수 있어 큰 재난은 작은 재난으로 줄이고, 작은 재난은 없앨 수 있다.

두뇌선은 가로 삼대선 중에서도 끝부분이 변화하기 쉬워서 머리를 많이 쓸 때는 두뇌선이 더 솟은 것처럼 보인다.

두뇌선은 생명선이나 감정선에 비하면 모양이 제각각이라 읽기 어려운 부분이 많다. 본선이 2, 3개일 때도 있고 끝부분이 여러 갈래로 나뉘기도 한다. 여러 개 있을 경우에는 시작점과 종점을 하나씩 체크하면서 읽어보자.

두뇌선으로 알 수 있는 것

▶ 어떤 식으로 사고하는 타입인가
▶ 생각을 실행에 옮기는 속도
▶ 문과인가 이과인가
▶ 표현의 풍부함과 고집
▶ 어떤 재능을 가졌는가

내 손금을
찾아보자!

두뇌선 유형
한눈에 보기

'두뇌선'으로 해설하는 손금 일람표. 끝까지 읽어보고 공
부를 마쳤다면, 손금을 보며 선을 찾을 때나 복습할 때 활
용하자.

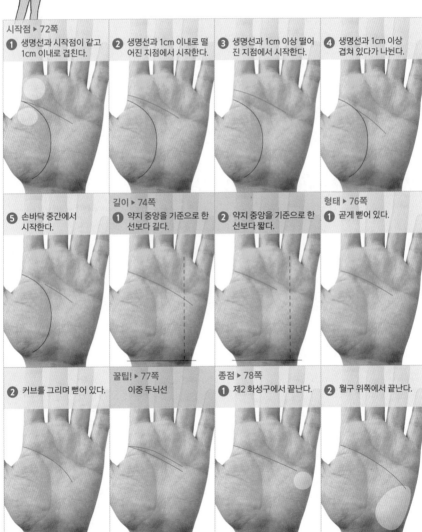

시작점 ▶ 72쪽
❶ 생명선과 시작점이 같고 1cm 이내로 겹친다.

❷ 생명선과 1cm 이내로 떨어진 지점에서 시작한다.

❸ 생명선과 1cm 이상 떨어진 지점에서 시작한다.

❹ 생명선과 1cm 이상 겹쳐 있다가 나뉜다.

❺ 손바닥 중간에서 시작한다.

길이 ▶ 74쪽
❶ 약지 중앙을 기준으로 한 선보다 길다.

❷ 약지 중앙을 기준으로 한 선보다 짧다.

형태 ▶ 76쪽
❶ 곧게 뻗어 있다.

❷ 커브를 그리며 뻗어 있다.

꿀팁! ▶ 77쪽
이중 두뇌선

종점 ▶ 78쪽
❶ 제2 화성구에서 끝난다.

❷ 월구 위쪽에서 끝난다.

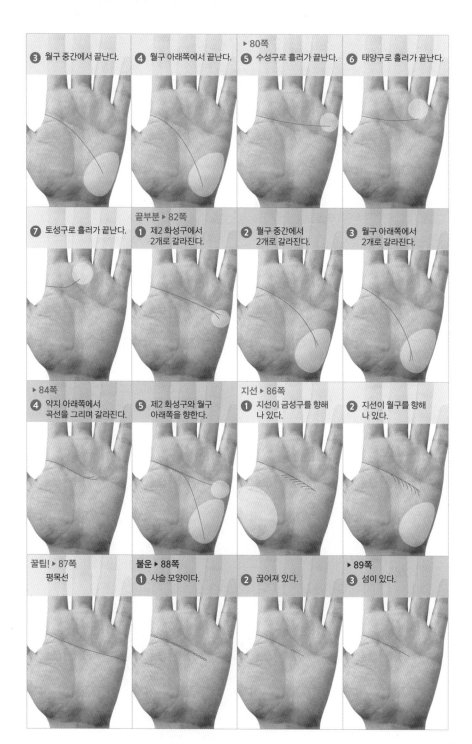

③ 월구 중간에서 끝난다.

④ 월구 아래쪽에서 끝난다.

▶ 80쪽
⑤ 수성구로 흘러가 끝난다.

⑥ 태양구로 흘러가 끝난다.

⑦ 토성구로 흘러가 끝난다.

끝부분 ▶ 82쪽
① 제2 화성구에서 2개로 갈라진다.

② 월구 중간에서 2개로 갈라진다.

③ 월구 아래쪽에서 2개로 갈라진다.

▶ 84쪽
④ 약지 아래쪽에서 곡선을 그리며 갈라진다.

⑤ 제2 화성구와 월구 아래쪽을 향한다.

지선 ▶ 86쪽
① 지선이 금성구를 향해 나 있다.

② 지선이 월구를 향해 나 있다.

꿀팁! ▶ 87쪽
평목선

불운 ▶ 88쪽
① 사슬 모양이다.

② 끊어져 있다.

▶ 89쪽
③ 섬이 있다.

1 두뇌선의 시작점으로 행동 패턴 보기

시작점 보는 법

두뇌선의 시작점은 대부분 생명선의 시
작점과 검지 사이에 있다. 생명선을 기준
으로 두뇌선이 얼마나 떨어져 있는지, 혹
은 같은 점에서 시작하는지 등을 본다.

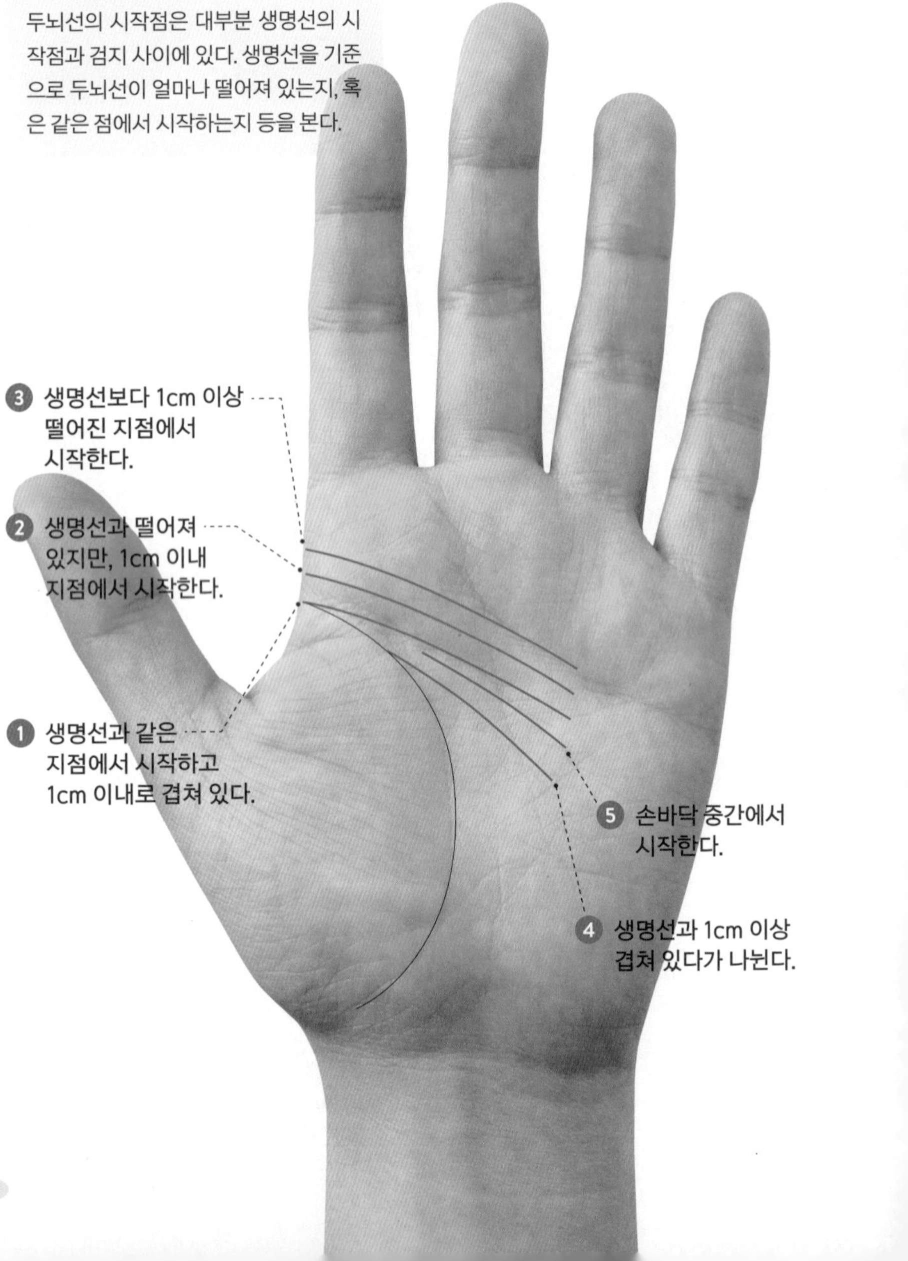

③ 생명선보다 1cm 이상
떨어진 지점에서
시작한다.

② 생명선과 떨어져
있지만, 1cm 이내
지점에서 시작한다.

① 생명선과 같은
지점에서 시작하고
1cm 이내로 겹쳐 있다.

⑤ 손바닥 중간에서
시작한다.

④ 생명선과 1cm 이상
겹쳐 있다가 나뉜다.

72

> 두뇌선이 시작하는 지점을 보면 타고난
> 특성이나 잘하고 못하는 분야를 알 수 있다.

❶ 생명선과 같은 지점에서 시작하는 사람은 '신중파'

상식이 있어서 사회생활을 원활하게 한다. 매사에 신중해서 실패하는 일이 없고 남들이 먼저 하는 걸 보고 나중에 하는, 돌다리도 두드려 보고 건너는 타입이다. 신중해진 나머지 기회를 놓치는 일도 있으니 대담하게 움직이자.

❷ 생명선과 떨어져 있지만, 1cm 이내에서 시작하는 사람은 '적극적'

상식적이고 얌전해 보이는 반면, 행동이 대담해서 주변 사람들을 놀라게 한다. 앞을 내다보는 힘이 뛰어나서 눈앞에 놓인 일에 휘둘리지 않고 넓은 관점으로 사물을 볼 수 있다. 어필을 잘해서 인맥이 넓고 실력 이상으로 평가를 받는다.

❸ 생명선보다 1cm 이상 떨어져서 시작하는 사람은 '도발적'

자극을 좋아하고 변화를 즐기는 사람이다. 영감을 받으면 충동적으로 움직여 자주 주변 사람들을 놀라게 한다. 경솔하게 '어떻게든 되겠지'라고 생각해서 실패할 때가 있다. 자신의 역량을 잘 파악해서 책임질 수 있는 범위 내에서 행동하자.

❹ 생명선과 1cm 이상 겹쳐 있는 사람은 '소극적'

소극적이라서 혼자 행동하지 못하고 부모나 배우자 등 주변 사람에게 의존한다. 기가 약하고 사람 좋은 부분을 이용당할 수도 있으니 조심하자. 좋지 않은 인간관계를 질질 끌기 마련이니, 끊어내는 용기가 필요하다.

❺ 손바닥 중간부터 나 있는 사람은 '극단적'

신중함과 대담함을 모두 가진 사람이다. 평소에는 조용하고 잘 나서지 않는데, 가끔 과격한 행동이 나온다. 조직 안에서 고생할 수 있다. 그러나 무리해서 타인에게 맞추기보다는 자신을 이해해 주는 사람들과 어울려서 스트레스를 줄이자.

두뇌선의 길이로 사고법 보기

길이 보는 법

두뇌선의 길이는 약지 중앙에서 수직으로 그은 보조선을 기준으로 판별한다. 두뇌선이 보조선을 넘으면 길고, 보조선에 닿지 않으면 짧다고 한다.

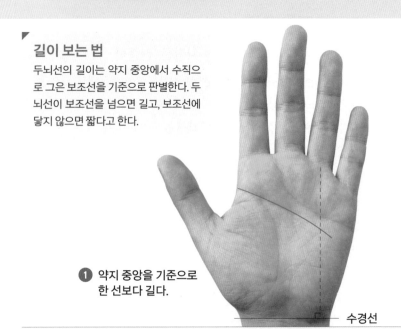

❶ 약지 중앙을 기준으로 한 선보다 길다.

수경선

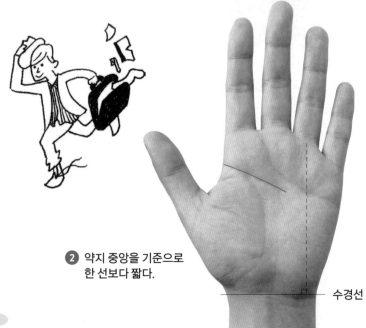

❷ 약지 중앙을 기준으로 한 선보다 짧다.

수경선

> 두뇌선의 길이는 생각한 시점부터 이를
> 행동에 옮기기까지 걸리는 시간을 나타낸다.

❶ 두뇌선이 길면 행동하기 전에 신중하게 생각하는 사람

약지 중앙에서 수경선까지 수직으로 그은 선보다 길면 두뇌선이 길다고 본다.

두뇌선이 긴 사람은 사려가 깊어서 행동할 때까지 신중하게 생각한다. 한 가지 문제를 다양한 각도로 보고 만반의 대책을 마련하므로 대개 크게 실패하지 않는다.

깊이 생각하는 것은 좋지만, 일이 늦어지거나 결국 실행하지 못하는 일도 더러 있어 우유부단하게 보일 수 있다. 겨우 잡은 큰 기회도 바로 결단을 내리지 못해 놓치는 일이 많다. 때로는 대담함도 필요하다.

머리가 좋고 이야기에 설득력이 있어서 주변 사람들에게 신뢰를 받는다. 하지만 남의 마음을 너무 읽은 나머지 고생을 사서 하는 경우도 많다. 생각해도 결론이 나지 않는 일은 과감히 떨쳐버리고 긍정적으로 생각하자.

❷ 두뇌선이 짧은 사람은 바로 행동으로 옮기는 사람

약지 중앙에서 수경선까지 수직으로 그은 선보다 짧으면 두뇌선이 짧다고 본다.

두뇌선이 짧은 사람은 아이디어가 번뜩이면 먼저 행동으로 옮기는 사람이다. 아무런 준비도 없이 생각만 가지고 행동하기 때문에 가끔 실패하기도 하지만, 대부분 좋은 결과로 이어진다. 영감을 받고 바로 행동으로 옮길 때, 잘될지 안될지는 본인의 노력에 달렸다. 평소에 관심 있는 분야를 열심히 공부해 두자.

생각을 깊게 하지 않는 점은 대인 관계에도 영향을 준다. 단순하거나 무심한 부분이 있어서 악의는 없지만 상대방에게 좋지 않은 인상을 주는 등 트러블이 많이 생길 수 있다. '나는 남들보다 생각이 깊지 않은 타입'이라는 사실을 의식해서 행동하면, 좋은 인간관계를 쌓을 수 있다.

두뇌선의 형태로
문과와 이과 보기

형태 보는 법

두뇌선이 곧게 직선으로 뻗어 있으면 이
과에 적합하다. 완만한 커브를 그리며 곡
선으로 뻗어 있으면 문과에 적합한 것으
로 본다.

❶ 곧게 뻗어 있다. ┄┄┄┄

❷ 커브를 그리며 ┄┄┄┄
   뻗어 있다.

> 두뇌선이 직선인지 곡선인지에 따라 사고나 성격이 이과형인지 문과형인지 알 수 있다.

❶ 직선인 사람은 이과형에 성격도 거침이 없다

두뇌선과 마찬가지로 성격도 거침이 없어서 무슨 일이든 옳고 그름을 확실히 하지 않으면 움직이지 않는 타입이다. 이과 머리를 타고났으며 숫자에 강하고 정보 처리 능력이 뛰어나다. 무슨 일이든 빠르며 군더더기가 없다.

하지만 쓰는 말도 표현도 직선적이라 너무 세다고 느끼는 사람들도 있어 오해받기 쉽다. 말을 걸기 쉽지 않은 분위기를 풍기니 웃는 얼굴로 부드럽게 대화할 수 있도록 신경 쓰자.

❷ 곡선인 사람은 문과형에 다정한 성격

두뇌선이 완만한 커브를 그리는 사람은 인간적으로도 부드러운 면이 있어 남을 감싸는 다정함을 갖고 있다.

매사에 딱 잘라 말을 하지 않고 상대방 눈치를 살피며 대화를 한다. 어중간한 상태도 받아들일 수 있고 눈앞에 있는 것에 휘둘리지 않는다. 조바심을 내지 않고 천천히 생각한다. 표현도 온화하고 모가 나지 않아서 사람들을 사귈 때도 원활하고 트러블이 생길 일이 거의 없다.

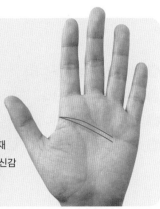

꿀팁! **이중 두뇌선**

사고력이 있고 다재다능한 인물

두뇌선은 보통 1개만 있지만, 2개가 나타나 있는 것을 '이중 두뇌선'이라고 한다.

두뇌선이 2개 있다는 것은 생각하는 힘도 두 배가 되고 사고력이 우수하다는 뜻이다. 다재다능해서 남들에게 주목받는다. 또한 섬세해서 주변 사람들을 잘 배려하고 챙긴다. 재물운도 좋아서 어릴 때부터 돈 걱정 없이 자랐기 때문에 자신감을 갖고 자신의 길을 개척해 나간다.

두뇌선의 종점으로
재능과 천직 보기

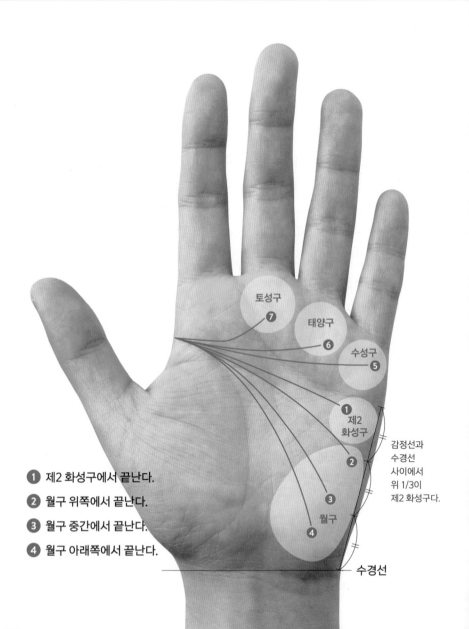

토성구
❼

태양구
❻

수성구
❺

❶
제2
화성구

❷

감정선과
수경선
사이에서
위 1/3이
제2 화성구다.

❸

월구

❹

수경선

❶ 제2 화성구에서 끝난다.

❷ 월구 위쪽에서 끝난다.

❸ 월구 중간에서 끝난다.

❹ 월구 아래쪽에서 끝난다.

두뇌선의 종점을 보면 그 사람의
특성과 천직을 알 수 있다.

❶ 제2 화성구로 흘러가면 두뇌가 명석하고 숫자에 강하다

현실적인 재능이 뛰어난 사람. 두뇌가 명석하고 숫자에 강하며 단숨에 계산하는 힘이 있다. 큰돈을 움직이는 것도 잘해서 사회에 나가 그 재능을 발휘한다.

현실적이고 직접 겪은 일만 믿는 타입이라 아무리 좋은 이야기도 의심부터 하는 신중함을 갖췄다. 금융 관련 직종에서 일하면 능력을 발휘할 수 있다.

❷ 월구 위쪽에서 끝나는 사람은 리더에 소질이 있다

현실적인 능력과 창조적인 재능을 골고루 갖추었으며 상식적이라서 자신이 뱉은 말을 지키기 때문에 주변 사람들에게 신뢰가 두텁다.

또한 공부를 좋아해서 여러 분야에 정통하기 때문에 리더로 활약한다. 교육자나 정치가, 의사, 변호사 등 사회적으로도 책임 있는 분야에서 능력을 발휘한다.

❸ 월구 중간에서 끝나는 사람은 타고난 엔터테이너

앞을 내다보는 능력과 창조력이 있고, 무엇보다 남을 즐겁게 하는 방법을 안다. 사고가 유연해서 남의 말을 잘 들어주며 일을 능숙하게 조율한다.

독특한 발상이 지지를 받아 일로 연결되는 경우가 많다. 이벤트 기획이나 게임 소프트웨어 개발 같은 분야에서 능력을 발휘한다.

❹ 월구 아래쪽에서 끝나면 감수성이 풍부하다는 뜻

신비로운 일에 관심이 높은 반면 물질적인 것에는 거의 흥미가 없어서 마음의 풍요로움을 추구한다. 자신만의 고집이 있으며 자존심이 세기 때문에 사회에 적응을 잘 못한다. 그러나 내심 쓸쓸함을 느끼는지 항상 누군가와 연락하려고 한다. 책을 좋아해서 책을 읽으며 영감을 얻는다. 글을 쓰거나 번역하는 책 관련 일에 종사하는 사람이 많은 손금이다.

4 두뇌선의 종점으로 재능과 천직 보기

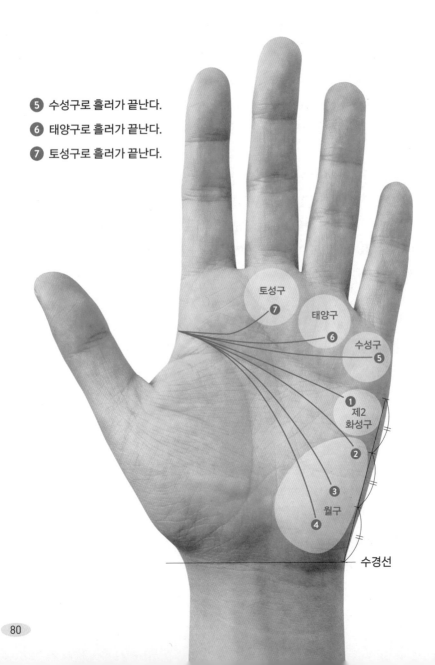

❺ 수성구로 흘러가 끝난다.
❻ 태양구로 흘러가 끝난다.
❼ 토성구로 흘러가 끝난다.

토성구
❼

태양구
❻

수성구
❺

❶ 제2 화성구

❷

❸

월구

❹

수경선

⑤ 수성구로 흘러가는 사람은 숨은 실력자로 활약

관찰력이나 추리력을 타고났으며 판단 능력도 뛰어나 돈 버는 아이디어가 풍부하기 때문에 부를 얻을 수 있다.

자신이 메인으로 움직이지만 눈에 띄는 것을 좋아하지 않아서 누군가를 서포트하거나 관리하는 일로 돈을 번다.

관찰력을 살려서 경찰관이나 탐정, 기획력을 살려서 프로듀서로 활약할 수 있다.

⑥ 태양구로 흘러가는 사람은 예술 관련 장사꾼 기질을 발휘

예술이나 예능을 다룰 줄 알고 금전 감각도 뛰어나기 때문에 연예계에서 크게 성공할 가능성이 있다.

사교적이고 사람에게 친근하며 겸손해서 남을 기분 나쁘게 하지 않지만, 내면에는 교활한 부분이 있어서 방심할 수 없는 사람이다.

모델, 예능 제작 PD, 갤러리스트, 쥬얼리스트, 헤어 스타일리스트 등에서 재능을 발휘한다.

⑦ 토성구로 흘러가는 사람은 자기 계발에 적극적

물욕이 강해서 욕심을 채우기 위해 노력한다. 평소에는 조용하고 얌전해 보이지만, 계산이 치밀한 타입이다. 자신의 욕심을 어떻게든 충족하려고 필요 이상으로 신을 떠받든다.

또한 자신을 더 잘 보이고 싶다는 마음이나 향상심 때문에 자기 계발 세미나 등에도 적극적으로 참가한다.

보인다
보여….

마음을 다루는 장사로 돈을 버는 재능도 있다. 종교인이나 점술가, 카운슬러 등을 직업으로 삼을 수도 있다.

두뇌선 끝부분으로 직감력 보기

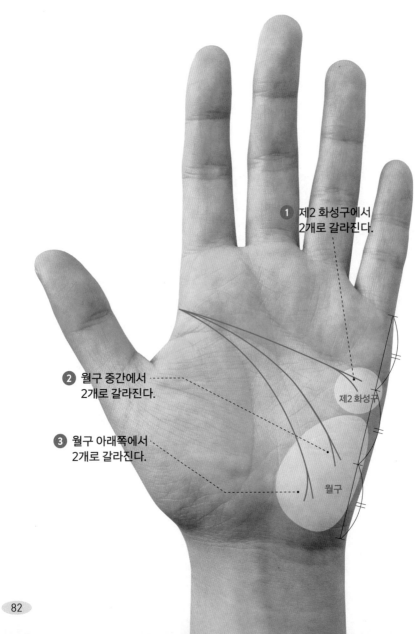

❶ 제2 화성구에서 2개로 갈라진다.

❷ 월구 중간에서 2개로 갈라진다.

❸ 월구 아래쪽에서 2개로 갈라진다.

제2 화성구

월구

> 두뇌선 끝부분이 갈라진 모습으로 직감력이
> 얼마나 센지, 상상력이 풍부한지 알 수 있다.

❶ 제2 화성구에서 갈라진 사람은 예지력이 있다

제2 화성구에서 2개로 갈라진 사람은 직감력이 뛰어나고 앞을 내다보는 힘이 있다. 큰 기회를 잡으려고 노력하기 때문에 대부분 원하는 것을 얻는다.

신중하면서 대담하고 결단력도 있다. 사업 센스가 뛰어나기 때문에 각 방면에서 성공할 수 있다. 생명선이 뚜렷하게 길고 운명선(112쪽 참고)도 월구에서 진하다면 밀어붙이는 힘이 있고 협상도 잘한다. 사업을 일으켜서 좋은 결과를 얻을 수 있다. 윗사람에게 사랑받고 아랫사람에게는 존경을 받아 넓은 인맥을 만들 수 있을 것이다.

❷ 월구 중간에서 갈라진 사람은 예술 면에서 프로

월구 중간으로 들어가서 작게 두 갈래로 갈라졌다면 새로운 것에 민감하고 어느 분야에서든 자신의 감성을 잘 융화시킬 수 있다. 특히 문학이나 예술 능력에 뛰어나서 착실하게 노력한다면 그 길의 프로가 되어 자립할 수 있다.

신선하고 참신한 감각은 타인에게 많은 지지를 얻는다. 섬세하고 빨리 배우며 재주가 좋아서 좋은 제안을 연달아 받는다. 싫증을 잘 내는 태도만 조심한다면 잘될 것이다.

❸ 월구 아래쪽에서 갈라진 사람은 음악이나 미술 분야에서 대성한다

월구 아래쪽에서 작게 갈라졌다면 영감이 잘 떠오르고 상상력이 뛰어나다는 뜻이다. 감성이 풍부하고 표현을 잘한다. 음악이나 미술을 가까이하면 마음이 편안해지고 예술 방면으로 나간다면 꽃이 필 것이다.

손의 인상이 부드럽고 윤기가 있으며 손가락 끝도 얇고 길게 뻗어 있다면 스타성도 더해져 큰 성공을 거둘 수 있다. 하지만 재능을 꽃피워줄 좋은 지도자를 만나지 못하면 재능이 빛을 보지 못한 채 끝날 수도 있다.

5 두뇌선 끝부분으로 직감력 보기

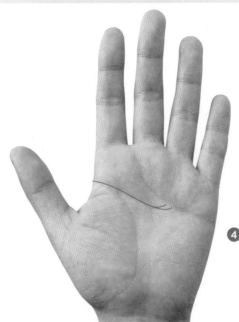

아하!

육감적인 타입

④ 약지 아래쪽에서
곡선을 그리며
갈라진다.

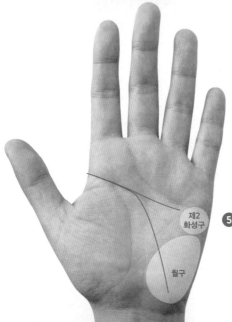

만약에….

몽상가 타입

⑤ 끝부분이 하나는
제2 화성구에,
하나는 월구
아래쪽을 향한다.

제2
화성구

월구

④ 끝부분이 약지 아래쪽에서 곡선으로 휘어졌다면 육감이 강하다

끝부분이 약지 아래쪽에서 갈라져 곡선을 그린다면 흔치 않은 특이한 타입인데, 소위 말하는 '육감(六感)'이라는 부분이 상당히 발달했다는 뜻이다. 어릴 때부터 종교나 점술과 관련된 가족이나 지인에게 영향을 받는 일이 많았을 것이다.

이 두뇌선에서 태양선(132쪽 참고)이 나왔다면, 어른이 된 후에 그 능력을 사용해서 사회적으로 활약할 수 있다. 또한 직감선(139쪽 참고)도 나와 있으면 종교인이나 점술가 등의 일을 하게 된다.

⑤ 제2 화성구와 월구 아래쪽에서 갈라진 사람은 몽상가

끝부분이 하나는 제2 화성구에, 하나는 월구 아래쪽을 향했다면 공상적인 일을 실현하려고 한다는 뜻이다.

문학이나 예술을 사랑하고 정신적으로 풍요로워지기를 원한다. 하지만 기가 약하고 예민하기 때문에 자기 생각을 잘 표현하지 못해 자신감이 없으며 늘 의지할 곳을 찾는다. 그래서 문제가 있는 종교 단체에 빠져 주변 사람들이 하는 말을 듣지 않기도 한다. 가끔은 큰돈을 사기 당할 수도 있으니 조심하자.

흠….

두뇌선의 지선으로 품성 보기

지선 보는 법

두뇌선의 주선에서 아래를 향해 자잘한 지선이 나 있는지 확인한다. 옅고 얇은 선이라도 엄지 쪽 금성구를 향해 있는지, 소지 아래쪽 월구를 향하고 있는지 본다.

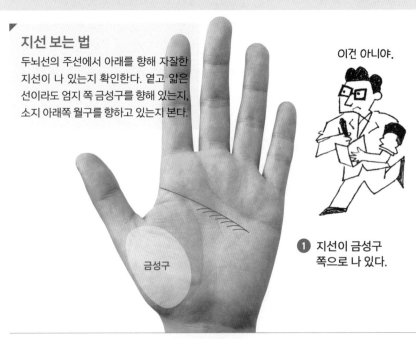

금성구

이건 아니야.

❶ 지선이 금성구 쪽으로 나 있다.

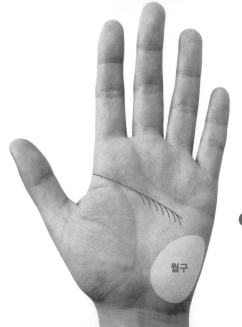

월구

제가 해볼게요!

❷ 지선이 월구 쪽으로 나 있다.

> 지선이 뻗는 방향을 보면 신념을 가진 인물인지 긍정적이고 밝은 사람인지 알 수 있다.

❶ 금성구를 향하는 지선은 문제의식이 강하다는 뜻

두뇌선에서 금성구 방향으로 자잘한 지선이 나 있다면 생각이 명확하다는 것을 나타낸다.

사회적 문제의식도 높아서 자신이 사회에 할 수 있는 일을 실제 행동으로 옮긴다. 확고한 생각이 있기 때문에 가끔은 남들과 의견이 달라 충돌하는 일도 있지만, 한 걸음도 물러서지 않고 주장하려 한다. 고집스러운 면도 있기에 때로는 유연하게 대응하는 것도 중요하다.

❷ 월구를 향하는 지선은 호기심이 왕성한 타입

두뇌선에서 월구 방향으로 자잘한 선이 나 있다면 밝고 활기가 넘치며 모든 사람에게 사랑받는 성격을 갖고 있다는 뜻이다.

호기심이 왕성해서 재미있다고 느낀 것에는 과감히 도전한다. 문제가 생겨도 결코 도망가지 않고 긍정적으로 해결하는 사람이다. 또한 윗사람에게 예쁨을 받으며 사회에서 실력을 충분히 발휘해서 출세할 수 있다.

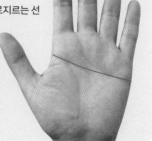

꿀팁! **평목선**

리더 소질이 뛰어난 인물

두뇌선과 감정선이 하나가 되어 손바닥을 끝에서 끝으로 가로지르는 선을 '평목선'이라고 한다. 이 선을 가진 사람은 많은 사람 위에 서서 끌어당기는 힘이 있다. 선배 기질이 있어 타인을 돌봐주기 때문에 신뢰를 얻는다.

평범한 삶이 적성에 맞지 않는다. 자신의 뜻대로 할 수 없는 일을 한다면 실력을 발휘하지 못할 것이다.

7 두뇌선에 나타나는 불운 사인

❶ '사슬 모양'은 정신적으로 불안정하다는 뜻

작은 섬이 이어지는 듯한 두뇌선은 정서가 불안정하고
침착하지 못하다는 뜻이다.

사소한 일도 크게 느끼기 때문에 남의
작은 행동도 신경이 쓰여 대인 관계에 애
를 먹는 경향이 있다. 불안을 참지 못하고
가만히 있지 못해 돌발적인 행동을 하기도 한
다. 이 선을 가진 사람은 피로에 약하다. 지쳤다
고 느낀다면 충분히 휴식을 취하자.

❷ 끊어졌다면 머리 쪽 사고나
　 갑작스러운 병을 암시

두뇌선이 중간에 끊어졌다면 머리에 관한 트러블이 일어
나기 쉽다는 뜻이다.

평소에 모자를 써서 머리를 보호하거나
머리가 아플 때는 쉬도록 하자. 원래 끊어
져 있다면 그렇게 걱정할 필요는 없지만,
갑자기 두뇌선이 끊어졌다면 갑작스러운 사
고나 병을 암시한다. 조심해서 행동하면 영향
을 줄일 수 있다. 한 군데 이상 두뇌선이 끊어져
있다면 기상 변화나 피로에 따라 두통이 나타난다.
약을 항상 구비해 두자.

❸ '섬'은 머리나 얼굴 쪽 사고에 대한 경고

두뇌선 중간에 생긴 섬은 머리 쪽에 병을 앓기 쉽다는 뜻
이다.

　머리나 얼굴에 트러블이 생긴다는 암
시가 있으며, 과도한 스트레스를 받으면
뇌의 활동에 지장이 생기기 쉽고 몸에도 악
영향을 미친다.

　성실하고 책임감이 강하기 때문에 혼자 문제
를 떠안고 해결하려고 해서 정신적으로 궁지에 몰
리는 일도 있다. 혼자서 해결하기 어려우면 남에게 의
견을 물어보자. 생각해도 답이 나오지 않을 때는 생각을
멈추고 자기 관리를 철저히 하도록 하자.

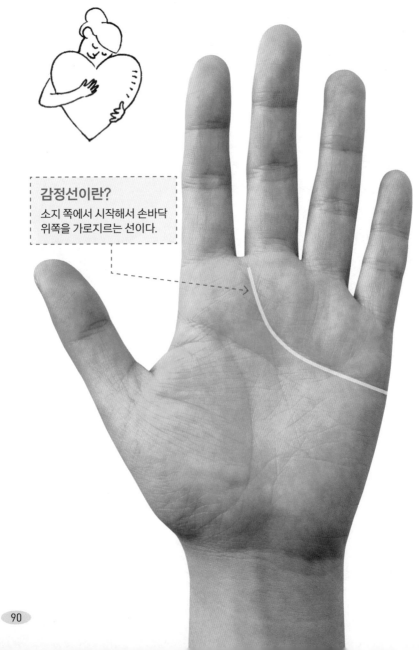

감정선이란?
소지 쪽에서 시작해서 손바닥
위쪽을 가로지르는 선이다.

> 연애 패턴과 감정 표현 방법을 알면
> 대인 관계가 수월해진다.

감정을 컨트롤할 줄 안다

감정선은 소지 쪽에서 시작해 손바닥 위쪽을 가로지르는 선이다. 감정선을 보면 자신의 감정을 어떻게 컨트롤하는지, 그 감정을 어떻게 표현하는지를 알 수 있다.

또한 감정선의 형태를 보면 어떤 사람과 만나 어떤 연애를 하는지, 그 사람의 '연애 패턴'도 알 수 있다. 따라서 연애를 할 때 어떤 점을 주의해야 할지 미리 알아두면 실수를 줄일 수 있다. 대인 관계 문제는 대부분 감정 갈등에서 일어나기 때문에 이 감정선을 잘 이해하면 자신의 감정이 움직이는 모습을 객관적으로 볼 수 있다.

지선의 개수는 얼마나 인간적인지를 나타낸다

감정선은 한 개만 깔끔하게 있는 것보다 지선이 적당히 나 있고 모양이 흐트러져 있어야 감수성이 풍부하고 몸이 잘 반응한다. 선이 흐트러져 있을수록 유연성이 있고 잘 놀고 사람을 끌어당기는 매력이 있다. 선이 흐트러지지 않았다면 결벽이 있고 노는 것을 좋아하지 않는다는 뜻이다.

또한 감정선은 피와 관계가 있어서 심장의 활동, 나아가 감정의 움직임도 나타낸다. 커브가 심한 경우는 감정 기복이 격한 편으로 심장에 부담을 줄 수 있다.

┌─── 감정선으로 알 수 있는 것 ───
│ ▶ 감정을 컨트롤하는 방법
│ ▶ 어떤 연애를 하는가
│ ▶ 대인 관계에서 주의할 점
│ ▶ 마음의 유연성
│ ▶ 연애의 끝

내 손금을 찾아보자!

감정선 유형 한눈에 보기

'감정선'으로 해설하는 손금 일람표. 끝까지 읽어보고 공부를 마쳤다면, 손금을 보며 선을 찾을 때나 복습할 때 활용하자.

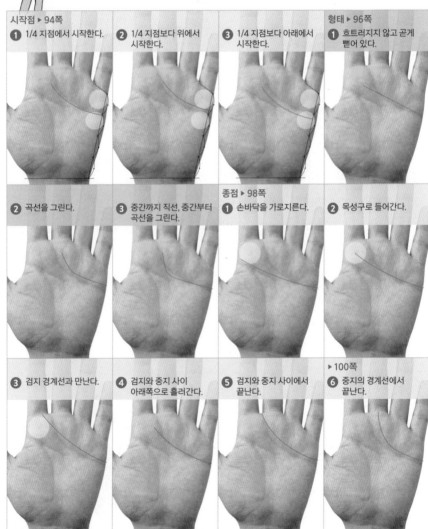

시작점 ▶ 94쪽

① 1/4 지점에서 시작한다.

② 1/4 지점보다 위에서 시작한다.

③ 1/4 지점보다 아래에서 시작한다.

형태 ▶ 96쪽

① 흐트러지지 않고 곧게 뻗어 있다.

② 곡선을 그린다.

③ 중간까지 직선, 중간부터 곡선을 그린다.

종점 ▶ 98쪽

① 손바닥을 가로지른다.

② 목성구로 들어간다.

③ 검지 경계선과 만난다.

④ 검지와 중지 사이 아래쪽으로 흘러간다.

⑤ 검지와 중지 사이에서 끝난다.

▶ 100쪽

⑥ 중지의 경계선에서 끝난다.

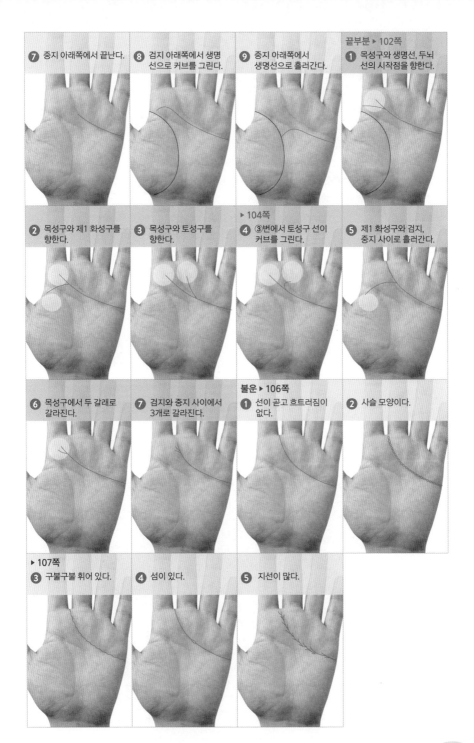

⑦ 중지 아래쪽에서 끝난다.

⑧ 검지 아래쪽에서 생명선으로 커브를 그린다.

⑨ 중지 아래쪽에서 생명선으로 흘러간다.

끝부분 ▶ 102쪽

① 목성구와 생명선, 두뇌선의 시작점을 향한다.

② 목성구와 제1 화성구를 향한다.

③ 목성구와 토성구를 향한다.

▶ 104쪽

④ ③번에서 토성구 선이 커브를 그린다.

⑤ 제1 화성구와 검지, 중지 사이로 흘러간다.

⑥ 목성구에서 두 갈래로 갈라진다.

⑦ 검지와 중지 사이에서 3개로 갈라진다.

불운 ▶ 106쪽

① 선이 곧고 흐트러짐이 없다.

② 사슬 모양이다.

▶ 107쪽

③ 구불구불 휘어 있다.

④ 섬이 있다.

⑤ 지선이 많다.

시작점 보는 방법

'수경선'은 손목을 가로로 지나는 선, '소지하선'은 소지와 손바닥의
경계선을 말한다. 수경선과 소지하선을 이은 다음 사 등분한다. 위
에서 1/4 지점을 기준으로 감정선이 어디에서 시작하는지 본다.

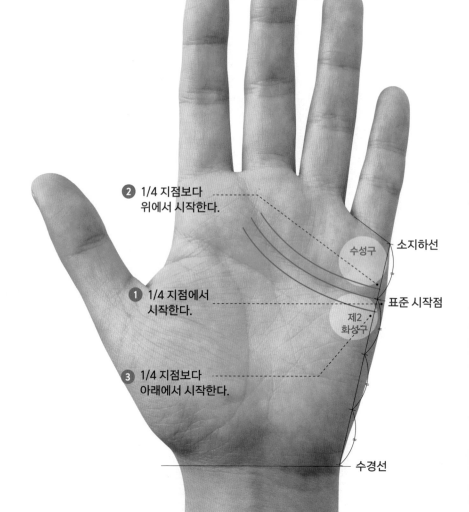

❷ 1/4 지점보다
위에서 시작한다.

수성구   소지하선

❶ 1/4 지점에서
시작한다.

표준 시작점

제2
화성구

❸ 1/4 지점보다
아래에서 시작한다.

수경선

> 감정선이 어디서 시작하는지에 따라 감정이
> 나타나는 모습을 알 수 있다.

❶ 표준 시작점에서 출발하는 사람은 '이성적'

감정선은 소지하선(소지와 손바닥의 경계선)과 수경선 사이를 사 등분했을 때, 위에서 4분의 1 지점에서 시작하는 것이 표준 시작점이다. 수성구(39쪽 참고)와 제2 화성구(41쪽 참고)의 균형이 좋아 감정을 이성으로 억제할 수 있다.

평상심을 잃지 않고 남들 앞에서 감정을 흐트러뜨리는 일도 없다. 상식적이며 배려심이 있고 눈치가 빠르며 감정을 제어할 수 있다. 남들과 트러블을 일으키는 일이 거의 없고 누구와도 조화를 이루기 때문에 신뢰받는 인물이 될 것이다. 매사에 신중하기 때문에 사고나 부상과도 인연이 없다.

❷ 표준 시작점보다 위에서 출발하는 사람은 '열정 과다'

4분의 1 지점보다 위에서 출발한다면 수성구가 좁아지고 제2 화성구는 넓어져서 제2 화성구의 의미가 더 강해진다. 감정 컨트롤이 어려워서 쉽게 격해지고 이성이 말을 듣지 않는다. 감정에 충실하다 못해 문제를 잘 일으키고, 혼자서 해결하지 못해 주변 사람들을 끌어들인다. 또한 물욕이나 성욕이 강해서 원하는 것은 어떻게든 손에 넣으려고 하기 때문에 싸움이 많다. 마음을 터놓을 수 있는 사람이 생겨도 스스로 그 관계를 망칠 수 있으니 조심하자.

❸ 표준 시작점보다 아래에서 출발하는 사람은 '냉정하고 침착'

4분의 1 지점보다 아래에서 출발한다면 제2 화성구가 좁아지고 수성구는 넓어져서 수성구의 의미가 더 강해진다. 감정 기복이 거의 없고 객관적으로 사물을 볼 수 있다. 문제가 일어나도 꿈쩍하지 않고 상황을 냉정하게 보고 판단할 수 있다. 머리가 좋아 자신이 손해를 보는 일은 하지 않는다. 그러나 마음을 표현하는 것이 서툴러서 연애할 때 냉정한 부분이 있다. 상대방에게 마음을 잘 전달하지 못하는 면도 있지만, 시간을 차근차근 들이면 사랑을 키워나갈 수 있다.

형태 보는 법

감정선의 모양은 크게 3가지 특징이 있
다. 곧게 직선으로 뻗는 타입, 전체적으
로 완만한 커브를 그리는 타입, 혹은 중
간까지 곧게 뻗다가 갑자기 위를 향하는
타입이다.

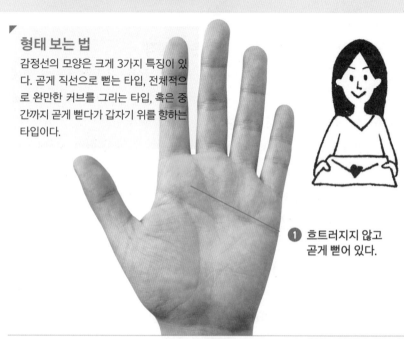

❶ 흐트러지지 않고
곧게 뻗어 있다.

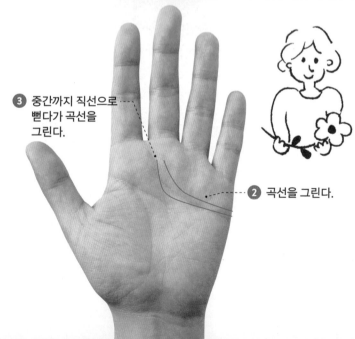

❸ 중간까지 직선으로
뻗다가 곡선을
그린다.

❷ 곡선을 그린다.

❶ 감정선이 직선을 그리면 감정 표현도 직선적

감정선이 흐트러지지 않고 직선을 그리면 감정 표현이 직선적이다. 솔직한 것은 좋지만, 속마음을 고스란히 태도와 말로 드러내기 때문에 남에게 상처를 주거나 오해를 사는 일이 적지 않다.

말 때문에 상대를 불쾌하게 만드는데도 알아차리지 못하는 경우가 대부분이라 상대방이 언짢은 이유를 모른다. 말을 하기 전에 한 번 더 생각하자. 연애할 때도 분위기를 살피지 않고 성급하다.

❷ 곡선을 그리면 감정 표현도 부드럽다

곡선을 그리는 감정선은 감정 표현이 부드럽다는 것을 나타낸다. 마음속에 부정적인 감정이 있어도 웬만하면 표정으로 드러내지 않도록 신경 쓰기 때문에 대인관계도 좋고 트러블을 거의 일으키지 않는다.

행동이 부드럽고 말을 조심하기 때문에 힘이 있는 사람에게도 인정을 받아 인생에도 크게 도움이 된다. 그러나 이성 관계에서는 중요한 순간에 단호하게 대처하지 못해 오해를 사고 트러블에 휘말릴 수 있으니 조심하자.

❸ 직선에서 곡선으로 바뀌는 손금은 양면성을 가졌다

감정선이 중간까지 직선을 그리다 갑자기 곡선으로 변한다면 직선적인 면과 부드러운 면을 모두 갖고 있다는 뜻이다. 독특한 매력이 있어 많은 사람을 끌어당기지만, 변덕스러운 면이 있어서 어제는 좋았다가 오늘은 갑자기 모른 척을 하는 등 기분에 따라 태도가 달라지는 경향이 있다. 또한 마음에 들지 않는 일이 있으면 심하게 화를 내는데, 시간이 지나면 아무 일도 없었던 것처럼 행동해서 주변 사람들을 당황하게 만든다. 마음을 잘 컨트롤하고 인간관계를 소중히 여겨서 신뢰를 쌓도록 하자.

3 감정선의 종점으로 애정 표현법 보기

종점 보는 법

감정선의 끝이 어디까지 이어지는지 잘
보자. 구 안에서 끝나는 경우, 손가락의
경계선과 만나는 경우, 생명선 쪽으로 내
려가는 경우 등 9가지 패턴이 있다.

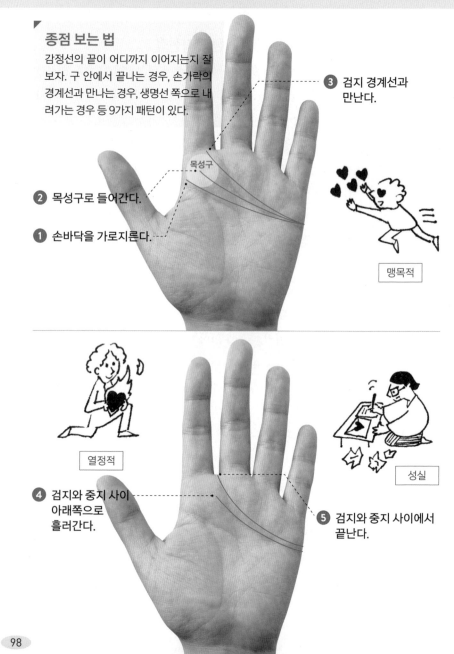

❸ 검지 경계선과
만난다.

목성구

❷ 목성구로 들어간다.

❶ 손바닥을 가로지른다.

맹목적

열정적

❹ 검지와 중지 사이
아래쪽으로
흘러간다.

성실

❺ 검지와 중지 사이에서
끝난다.

> 감정선이 어디서 끝나는지에 따라 좋아하는
> 사람과 어떤 모습으로 사귀는지 알 수 있다.

❶ 손바닥을 가로지르는 사람은 독점욕이 강하다는 뜻

독점욕이 상당히 강하기 때문에 질투에 눈이 멀기 쉽다. 사귀는 사람의 행동을 모두 알아야만 직성이 풀리기 때문에 이해가 되지 않는 일이 있으면 몰아세우는 경향이 있다. 상대방을 믿는 것이 관계를 길게 지속하는 비결이다.

❷ 목성구로 들어가는 사람은 건실하고 소극적

건실하고 자존심이 높으며 사랑을 천천히 키워나간다. 상대방의 사회적인 평가를 신경 쓰기에 조건이 좋지 않은 사람과는 아예 시작도 하지 않는다. 반면 이상형을 만나면 열심히 노력해 좋은 연애를 한다. 대부분 사귀기 시작하면 오래간다.

❸ 검지와 손바닥의 경계선과 만난다면 해바라기 타입

해바라기처럼 일편단심 한 사람만 바라본다. 꼼꼼하고 냉정한 사람이지만 연애할 때는 맹목적으로 빠져 스스로 제어하지 못하게 된다. 상대방을 너무 믿은 나머지 상처받는 일도 많다. 남의 충고에 귀를 기울여 행동하는 것이 중요하다.

❹ 검지와 중지 아래쪽으로 향한다면 열정적

얼핏 냉정해 보이지만, 내면은 열정적이다. 애정 표현에 서툴러서 호감이 있어도 전달하지 못해 사랑을 놓치는 일도 있다. 조바심을 내지 말고 천천히 관계를 쌓자.

❺ 검지와 중지 사이에서 끝난다면 성실한 타입

가벼운 연애는 하지 않고 '연애=결혼'이라고 생각하는 착실한 타입이다. 좋아하는 사람에게는 모든 것을 바친다. 연애를 할 때는 트러블도 큰 실패도 없을 것이다. 좋아하는 사람도 있고 싫어하는 사람도 있겠지만, 태도로 드러내지 않기 때문에 주변 사람들이 주는 신뢰도 두텁고 연애 상담도 잘 들어준다.

3 감정선의 종점으로
애정 표현법 보기

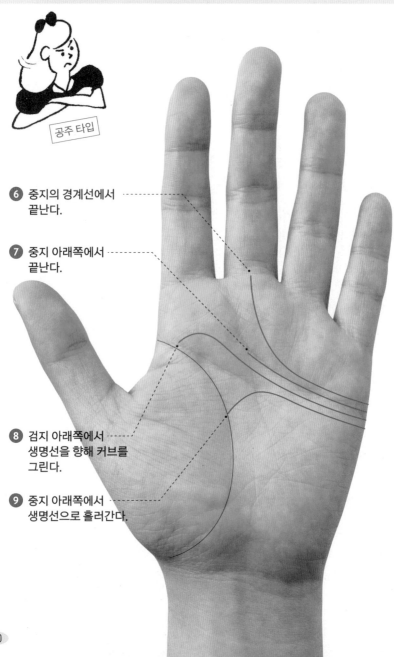

공주 타입

❻ 중지의 경계선에서
끝난다.

❼ 중지 아래쪽에서
끝난다.

❽ 검지 아래쪽에서
생명선을 향해 커브를
그린다.

❾ 중지 아래쪽에서
생명선으로 흘러간다.

⑥ 중지의 경계선에서 끝나는 사람은 싫증을 잘 내는 타입

감정선이 중지의 경계선에서 끝나는 사람은 빨리 끓고 식는 전형적인 냄비 타입이다. 연애뿐만 아니라 일반적인 대인 관계에서도 빠르게 친해졌다가 바로 멀어지기를 반복한다. 한눈에 반하는 일도 많아서 너무 적극적으로 접근하는 나머지 스토커 취급을 당할 수도 있으니 정도를 지키며 관계를 쌓자.

변덕쟁이

⑦ 중지 아래쪽에서 끝나는 사람은 정에 휩쓸리지 않는다

중지 아래쪽으로 들어가는 선은 쿨한 성격을 나타낸다. 보통 남에게 마음을 잘 털어놓지 않고 혼자서 처리하려고 한다. 연애에 푹 빠지는 일은 없지만 쿨한 면이 매력으로 다가와 인기가 있다. '마음 따로 몸 따로'라고 사고하며 여러 사람과 관계 맺는 바람둥이 기질도 있다. 그래서 결혼하지 않고 독신으로 보내는 사람도 적지 않다.

쿨한 타입

⑧ 검지 아래쪽에서 생명선으로 향하는 사람은 금단의 사랑에 취한다

검지 아래에서 생명선 쪽으로 커브를 그리는 선은 불륜처럼 장애물이 있는 사랑에 불타오르는 것을 나타낸다. 욕구를 위해 돌진하지만, 상대방을 손에 넣은 순간 식어버리는 일도 있다. 안정적인 행복에는 흥미가 없어서 결혼 후에도 바람을 피우기 쉽고 안정감이 없다. 오래 사귈 수 있는 사람과 만나면 운이 올라간다.

바람둥이

⑨ 중지 아래에서 생명선을 향하는 사람은 응석받이

자기중심적이라서 고집스러운 사랑을 하는 경향이 있다. 자신의 뜻을 받아주지 않으면 기분이 언짢아져서 상대방이 져줘야만 속이 풀린다. 사귀는 상대를 하인처럼 부리거나 돈을 투자하게 하기도 한다. 젊을 때야 이성이 다가오지만, 나이가 들면 옆에 있던 사람들도 떠나간다. 배려심을 갖고 사람을 사귀도록 하자.

4 감정선의 끝부분으로 연애 패턴 보기

끝부분 보는 법

감정선 끝부분이 두세 개로 갈라져 있으면 각각 어느 방향을 향하는지 보자. 끝부분은 얇기 때문에 펜으로 따라 그려보면 좋다.

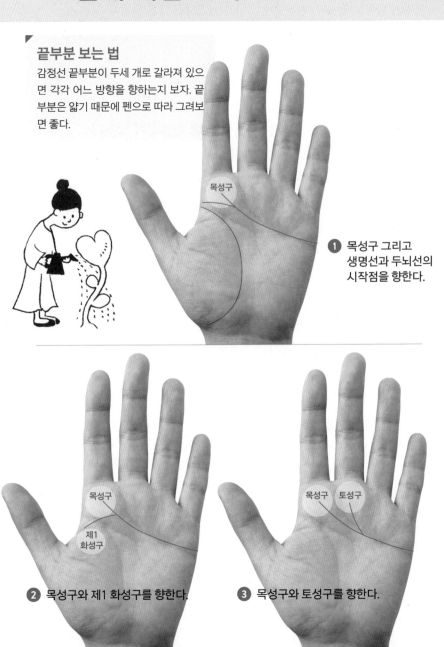

목성구

❶ 목성구 그리고 생명선과 두뇌선의 시작점을 향한다.

목성구

제1 화성구

❷ 목성구와 제1 화성구를 향한다.

목성구 토성구

❸ 목성구와 토성구를 향한다.

❶ 목성구, 생명선과 두뇌선의 시작점으로 뻗으면 애정이 깊다

애정이 깊고 성격이 온화하다는 뜻이다. 타인을 소중히 여기고 겸손하기 때문에 모두에게 호감을 준다.

연애를 할 때는 무조건 상대방을 존중하며 할 수 있는 일은 최대한 도우려는 자세를 가졌기 때문에 관계가 오래 지속되고 서로 신뢰하는 사이가 된다. 다른 사람에게 한눈을 팔거나 바람을 피우는 등 이성 관계의 트러블은 거의 없을 것이다. 스스로도 객관적인 눈으로 바라보기 때문에 사랑에 눈이 머는 일도 없다. 늘 상황을 계산하고 냉정하게 행동한다.

❷ 목성구와 제1 화성구로 향하면 금세 질리는 성격

냄비 같은 성격을 가진 사람이다. 변덕이 있어서 처음 만난 사람과도 금방 친해지지만, 갑자기 싫어지거나 멀리하기도 한다.

연애를 할 때도 처음 사귈 무렵에만 잠깐 좋아서 오래 가기는 힘들다. 자극만을 좇는 부분이 있어서 관계가 안정되면 아무리 조건이 좋은 상대라도 지루하게 느끼는 경향이 있다. 천천히 관계가 깊어지도록 가꾸어 나가는 태도가 필요하다. 늘 여유로운 마음을 가지면 개선될 여지가 있다.

❸ 목성구와 토성구로 향하는 선은 믿음의 표시

남에게 영향을 받기 쉽고 순수한 성격을 가진 사람에게 잘 나타나는데, 무척 보기 드문 선이다. 이 손금을 가진 사람은 어쩌다 좋은 일이 생기면 신의 계시라고 믿고 감사한다. 연애할 때도 종교적인 가치관이 같은 사람을 원한다.

종교나 자기 계발 세미나 등 마음을 다루는 장소에서 누군가를 만날 암시도 있는데, 신에 너무 의존하면 운명을 개척하는 힘이 약해지므로 조심하자. 밖에서 신을 찾지 말고 내 자신을 믿으면 운이 올라간다.

4 감정선의 끝부분으로 연애 패턴 보기

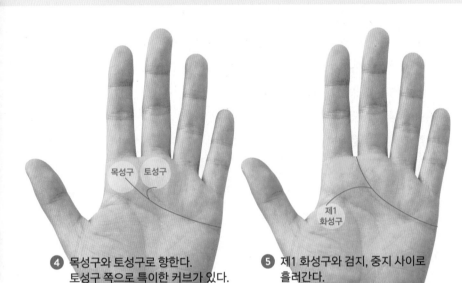

4 목성구와 토성구로 향한다.
토성구 쪽으로 특이한 커브가 있다.

5 제1 화성구와 검지, 중지 사이로
흘러간다.

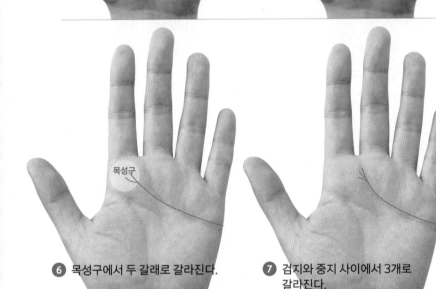

6 목성구에서 두 갈래로 갈라진다.

7 검지와 중지 사이에서 3개로
갈라진다.

④ 토성구 쪽으로 커브가 나 있다면 윤리관이 약하다

윤리관이 약하며 욕구를 위해 수단을 가리지 않는 손금이다. 자기중심적이어서 괜히 말리는 사람만 피해를 입는다. 연애할 때도 삼각관계 등 윤리에 어긋나는 사랑에 빠져 트러블이 끊이지 않는다. 상대방이 기혼자라는 것을 알았다면 마음이 더 깊어지기 전에 헤어질 결심을 하자.

⑤ 제1 화성구와 검지, 중지 사이로 향한다면 총명한 사람

마음을 컨트롤할 수 있는 총명한 사람이다. 대화에 재치가 흘러넘쳐 남을 지루하게 만들지 않는다. 대인 관계도 양호해서 인맥도 넓다. 능숙한 커뮤니케이션 능력으로 기회를 잘 잡아 업무에서도 큰 성과를 올린다.

연애를 할 때는 서로 장점을 칭찬하며 화기애애하고 이상적인 만남을 이어갈 수 있다.

⑥ 목성구에서 두 갈래로 갈라진다면 정의가 넘치는 사람

성실하고 정의감이 있다는 뜻이다. 정직하고 나쁜 짓을 하지 않기 때문에 주변 사람들의 신뢰도 두텁다. 연애할 때도 한눈팔지 않는다. 종종 분위기를 너무 딱딱하게 만드는 탓에 상대방이 숨 막힌다고 느낄 수도 있다. 편안한 관계가 되도록 분위기에 신경 쓰자.

⑦ 검지와 중지 사이에서 세 갈래로 갈라진다면 연애 고수

매력적인 사람이며 연애를 잘한다. 대화를 잘 이끌어 나가고 눈치가 빨라 타인의 마음을 민감하게 캐치하여 기쁘게 하는 스킬도 갖고 있다. 성욕이 강한 편이라 관계를 가질 때도 적극적이기 때문에 상대방이 싫증 낼 틈이 없다. 이 사람 저 사람 만나는 일이 없고, 좋아하게 되면 먼저 다가가서 성실하게 사랑을 키워 나간다.

연애 고수

감정선에 나타나는 불운 사인

❶ 곧고 흐트러짐이 없는 선은 너무 털털한 성격

지선이 없고 흐트러짐이 없는 선을 가진 사람은 시원하고 털털한 성격으로 자잘한 일에 신경을 쓰지 않는다.

말과 행동이 딱딱해지기 쉬우니 늘 미소를 짓도록 유념하자. 또한 속마음을 고스란히 입 밖으로 꺼내는 부분이 있어 주변 사람들에게 상처를 주기도 한다. 말을 하기 전에 단어를 잘 선택하자.

❷ '사슬 모양'인 사람은 커뮤니케이션이 어렵다

섬이 여러 개 이어져 있는 모양으로 감정선이 사슬처럼 생긴 사람은 속마음을 표현하지 않고 사람을 표면적으로만 사귀는 타입이다.

대인 관계에 소홀하지만, 이상한 포인트에서 예민해져 사서 걱정하는 일도 많다. 그래서 일상생활에 불평불만을 갖기 쉽고 금세 짜증을 낸다. 매사에 긍정적으로 생각하도록 신경 쓰자.

③ 구불구불한 선은 연애 지상주의

연애 자체를 너무 좋아해서 한 명으로는 만족하지 못하는 사람이다. 바람기가 있어서 항상 이성 관계에 트러블이 따르곤 한다. 이런 성향은 결혼을 해도 나아지지 않는다.

　인생은 거울이다. 타인을 상처 입히면 자신의 운도 떨어진다는 사실을 명심하고, 한 사람 한 사람의 인연을 소중히 여기도록 하자.

④ '섬'이 있으면 인생이 연애에 좌우된다

감정선 중간에 섬이 있으면 이성 관계가 화려해지거나 자신이 바라는 관계로 이어지지 않거나 연애가 잘 풀리지 않는다는 뜻이다.

　그러나 약지 아래에 섬이 생겼다면 피로 때문에 눈이 나빠졌다는 뜻이므로 무리하지 않도록 주의하자. 오른손에 났다면 왼쪽 눈, 왼손에 났다면 오른쪽 눈을 잘 살펴야 한다.

⑤ 지선이 많으면 이성 문제가 많다

감정선이 깔끔하게 선 하나가 아니고 지선이 많고 흐트러져 있다면 감수성이 풍부하다는 뜻이다. 말투도 나긋나긋하고 성적인 매력이 흘러넘친다.

　하지만 심하게 흐트러져 있다면 삼각관계나 불륜 같은 이성 문제를 일으키기 쉽다는 암시이므로 자제심을 갖고 생활하자. 예외로 손이 얇은 사람은 이성 관계가 없을 확률이 높다.

가로 삼대선

'가로 삼대선' 및 '구'를 총정리할 시간이다. 사진의 손금을 보고 질문에 답하면 된다. 오른쪽 해답을 가리고 실력을 시험해 보자. 110쪽 감정도 살펴보자.

A의 손금

프로필 여성. 28세. 편집자. 장녀이며 남동생이 하나 있다. 학생 때 연극부였다. 다이어트, 미용, 취미 등 논픽션 분야를 담당한다. 현재 불상에 빠져 있다.

Q1. ⓐ 선의 명칭은?

Q2. ⓑ 선의 명칭은?

Q3. ⓒ 선의 명칭은?

Q4. ⓐ와 ⓑ의 시작점이 떨어져 있으면 어떤 성격을 갖고 있는가?

Q5. ⓓ 구의 명칭은?

Q6. ⓔ 구의 명칭은?

Q7. ⓕ 구의 명칭은?

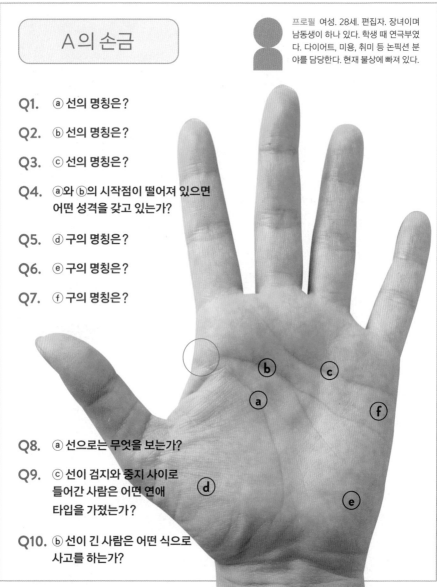

Q8. ⓐ 선으로는 무엇을 보는가?

Q9. ⓒ 선이 검지와 중지 사이로 들어간 사람은 어떤 연애 타입을 가졌는가?

Q10. ⓑ 선이 긴 사람은 어떤 식으로 사고를 하는가?

A1. 생명선

A2. 두뇌선

A3. 감정선

A4. 상식이 있고 얌전해 보이지만, 꽤 대담하게 결단을 내리며 행동력이 있다.

A5. 금성구

A6. 월구

A7. 제2 화성구

A8. 생명력이 얼마나 강한지, 어떤 인생을 보내는지, 연애나 결혼 시기, 가치관의 변화 등 인생의 전환기를 본다.

A9. 사랑을 가볍게 하지 않고 연애는 곧 결혼이라고 생각하는 성실한 사람. 좋아하는 사람에게 모든 것을 다 바친다.

A10. 사려 깊어서 행동하기 전에 곰곰이 생각한다.

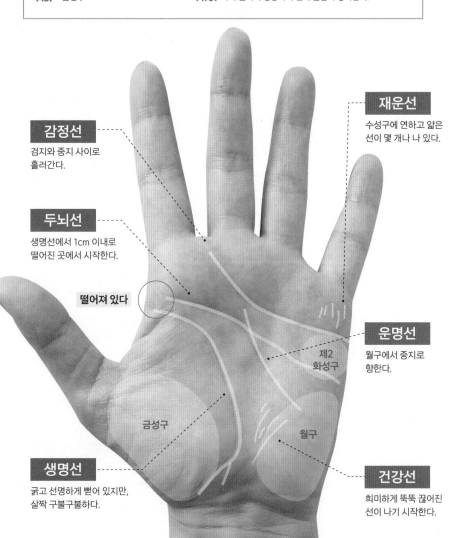

재운선
수성구에 연하고 얇은 선이 몇 개나 나 있다.

감정선
검지와 중지 사이로 흘러간다.

두뇌선
생명선에서 1cm 이내로 떨어진 곳에서 시작한다.

떨어져 있다

운명선
월구에서 중지로 향한다.

제2 화성구

금성구

월구

생명선
굵고 선명하게 뻗어 있지만, 살짝 구불구불하다.

건강선
희미하게 뚝뚝 끊어진 선이 나기 시작한다.

미야자와 미치의 감정 　A의 손금

종합운	생명선은 굵게 나 있지만, 살짝 구불구불하기 때문에 인생에 변화가 많다. 운명선이 월구에서 중지를 향해 뻗은 것을 보면 고향을 떠나 주변의 인기를 얻고 운이 열릴 것이다. 엄지가 길고 특히 두 번째 마디가 길기 때문에 이치에 맞지 않는 것은 납득하지 않는 올곧은 성격이다.
재능·사업운	생명선과 두뇌선의 시작점이 떨어져 있다는 것은 대담한 행동력을 갖추고 있으며 매사에 대응력이 뛰어나다는 뜻이다. 외국과도 인연이 있고 정보를 입수하는 능력이 뛰어나다. 두뇌선은 손바닥을 좌우로 관통할 정도로 길기 때문에 매사에 생각이 깊다. 두뇌선은 제2 화성구와 월구 사이로 흘러가기 때문에 사물을 현실적인 감각으로 고스란히 인식하는 능력이 우수하다.
연애·결혼운	감정선이 검지와 중지 사이로 흐르는 것은 좋아하는 사람에 대해 헌신적이고 애정을 쏟는다는 뜻이다. 여성의 경우는 결혼에 대한 이상이 높고, 또한 경제적으로도 자립해서 생활할 수 있기 때문에 결혼이 늦어지는 경향이 있다. 금성대는 거의 나타나지 않았으므로 성적인 것에는 관심이 적다.
재물운	수성구에 나타난 연하고 얇은 재운선은 돈을 벌어도 바로 써버리며 현재의 경제력에 만족하지 않는다는 뜻이다. 재운선은 숫자가 많든 적든 자신의 수입에 만족하면 나타나는 선이다. 소지가 약지의 첫 번째 마디보다 짧다는 것은 고생해서 돈을 번다는 암시다.
건강운	건강선은 희미하고 뚝뚝 끊어진 선이 나타나기 시작했다. 이는 바빠서 스트레스가 많은 상황을 뜻하는데, 계속 무리한 탓에 피로가 쌓인 상태를 나타낸다. 규칙적인 생활을 하고 식사에 신경 쓰면 개선될 것이다.

3장

세로 삼대선으로
보는 손금

다음으로는 아래에서 위로 향해 뻗는 세로
기본선 '세로 삼대선'이다. 운명선, 태양선, 재
운선(수성선)을 말하는데, 현재를 열심히 살고
있는지, 성공하는지, 돈복이 있는지 알 수 있
다. 차근차근 살펴보자.

1 운명선
운명과 인생에 얼마나 충실한가?

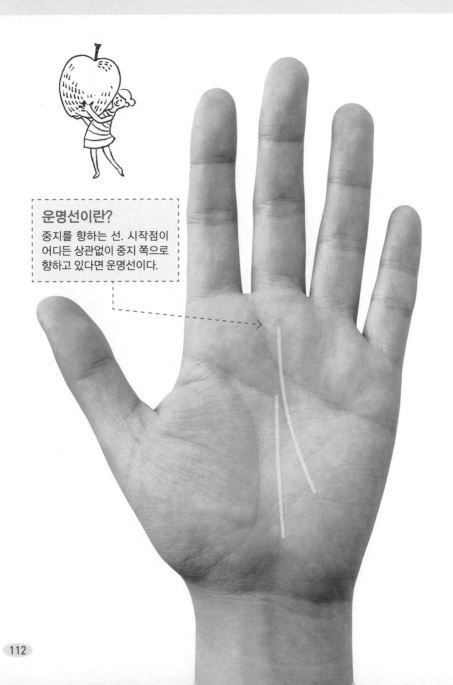

운명선이란?
중지를 향하는 선. 시작점이
어디든 상관없이 중지 쪽으로
향하고 있다면 운명선이다.

중지를 향해 뻗는 운명선은 인생의
만족도나 운명의 전환기를 나타낸다.

알찬 인생을 살고 있는가를 반영한다

운명선은 중지를 향해 흐르는 선을 말한다. 손목 쪽 한가운데에서 시작하든, 소지나 엄지 쪽에서 시작하든 중지를 향한다면 모두 운명선이다. 운명선은 꼭 하나만 있는 것이 아니며 여러 방면에서 몇 개가 나 있는 경우도 있고 길이도 제각각이다.

운명선은 이름대로 자신의 운명을 얼마나 충실히 살고 있는지 나타낸다. 손금으로는 마음은 물론 몸이 어떻게 느끼고 있는지까지 반영되는데, 몸이 현재 상황에 '열심히 살고 있다'라고 판단하면 운명선이 진하게 나타나고, 몸이 그다지 충실하지 않은 경우에는 연하게 나타난다.

여러 개의 선으로 이루어져 있을 때는 변화를 암시한다

운명이 굴곡 없이 평온하고 무사하다면 한 선이 곧게 뻗어 있지만, 이사나 이직 등으로 환경이 바뀌면 여러 개가 겹쳐서 중지를 향해 뻗는다.

운명선은 가로 삼대선과 달리 누구에게나 보이는 선은 아니다. 특히 여성에게는 나타나지 않은 경우가 많다. 여성인데도 운명선이 선명하게 보인다면 가정주부보다 사회에 나가 일하는 것을 추천한다.

── 운명선으로 알 수 있는 것 ──

▶ 자신의 운명에 얼마나 충실하고 있는가
▶ 이사나 이직 등의 변화
▶ 성공운
▶ 환경 속에서 얼마나 실력을 발휘하는가
▶ 재산을 쌓는 법

내 손금을 찾아보자!

운명선 유형 한눈에 보기

'운명선'으로 해설하는 손금 일람표. 끝까지 읽어보고 공부를 마쳤다면, 손금을 보며 선을 찾을 때나 복습할 때 활용하자.

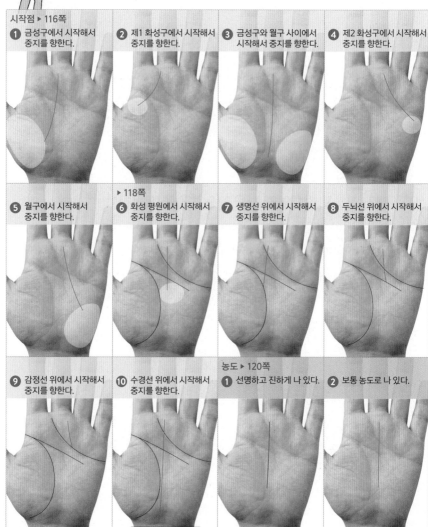

시작점 ▶ 116쪽

① 금성구에서 시작해서 중지를 향한다.

② 제1 화성구에서 시작해서 중지를 향한다.

③ 금성구와 월구 사이에서 시작해서 중지를 향한다.

④ 제2 화성구에서 시작해서 중지를 향한다.

⑤ 월구에서 시작해서 중지를 향한다.

▶ 118쪽

⑥ 화성 평원에서 시작해서 중지를 향한다.

⑦ 생명선 위에서 시작해서 중지를 향한다.

⑧ 두뇌선 위에서 시작해서 중지를 향한다.

⑨ 감정선 위에서 시작해서 중지를 향한다.

⑩ 수경선 위에서 시작해서 중지를 향한다.

농도 ▶ 120쪽

① 선명하고 진하게 나 있다.

② 보통 농도로 나 있다.

114

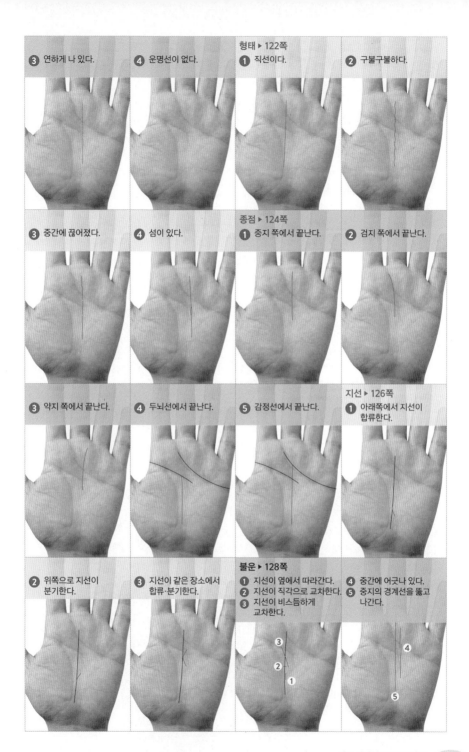

❸ 연하게 나 있다.

❹ 운명선이 없다.

형태 ▶ 122쪽
❶ 직선이다.

❷ 구불구불하다.

❸ 중간에 끊어졌다.

❹ 섬이 있다.

종점 ▶ 124쪽
❶ 중지 쪽에서 끝난다.

❷ 검지 쪽에서 끝난다.

❸ 약지 쪽에서 끝난다.

❹ 두뇌선에서 끝난다.

❺ 감정선에서 끝난다.

지선 ▶ 126쪽
❶ 아래쪽에서 지선이
   합류한다.

❷ 위쪽으로 지선이
   분기한다.

❸ 지선이 같은 장소에서
   합류·분기한다.

불운 ▶ 128쪽
❶ 지선이 옆에서 따라간다.
❷ 지선이 직각으로 교차한다.
❸ 지선이 비스듬하게
   교차한다.

❹ 중간에 어긋나 있다.
❺ 중지의 경계선을 뚫고
   나간다.

1 운명선의 시작점으로 성공운 보기

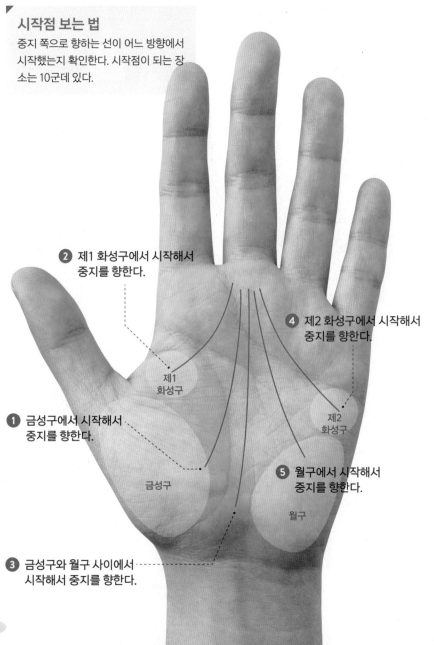

시작점 보는 법

중지 쪽으로 향하는 선이 어느 방향에서 시작했는지 확인한다. 시작점이 되는 장소는 10군데 있다.

❷ 제1 화성구에서 시작해서 중지를 향한다.

❹ 제2 화성구에서 시작해서 중지를 향한다.

제1 화성구

❶ 금성구에서 시작해서 중지를 향한다.

제2 화성구

금성구

❺ 월구에서 시작해서 중지를 향한다.

월구

❸ 금성구와 월구 사이에서 시작해서 중지를 향한다.

> 운명선이 시작하는 장소에 따라
> 어떻게 성공을 손에 넣는지 알 수 있다.

❶ 금성구에서 시작하면 부모, 형제, 자매의 도움으로 운이 열린다

결혼 후에도 집의 영향에서 벗어나지 못한다. 일시적으로 떨어진다 해도 결국에는 집으로 돌아온다. 금전적으로는 여유가 있지만, 드물게 고생을 하는 경우도 있다. 부모를 돌보거나 조상 묘를 관리하는 역할을 맡게 될 것이다.

❷ 제1 화성구에서 시작한다면 야망이 있는 사람

불황으로 사회가 혼란스럽고 불안정할 때일수록 힘을 발휘하는 타입이다. 야망이 있고 시대의 흐름을 읽는 눈이 뛰어나서 경영이나 사업 재능까지 있으면 상당한 성공을 거둘 수 있다. 말년에는 목표도 다 이룰 것이다.

❸ 금성구와 월구 사이에서 시작하는 사람은 자력으로 운을 개척한다

스스로 운을 개척하는 타입이다. 성실하고 책임감이 강하며 남에게 빚지는 것을 못 참는다. 재주가 좋아 무엇이든 잘한다. 누군가에게 맡기는 것을 싫어해서 발전하기 어려운 경향도 있지만, 남에게 기댈 줄 안다면 운이 더 크게 열릴 것이다.

❹ 제2 화성구에서 시작하는 사람은 배우자의 도움으로 성공한다

배우자의 도움으로 성공한다. 힘이 있는 배우자를 만나면 많은 사람의 협력을 얻을 수 있고, 그것이 활력이 된다. 주변에 감사하며 겸손함을 잊지 않고 남에게 최선을 다하면 성공을 유지할 수 있다.

❺ 월구에서 시작하는 사람은 조력자 복이 있어 성공한다

뒷받침을 해주는 사람이 있어 실력 이상의 지위를 손에 넣는다. 또한 스타성이 있어서 많은 사람을 끌어당겨 늘 주목을 받는다. 고향을 떠나 말년에는 다른 장소에서 살게 된다. 세상과 사람을 위해 활동하면 운이 더 열릴 것이다.

세로 삼대선으로 보는 손금 **117**

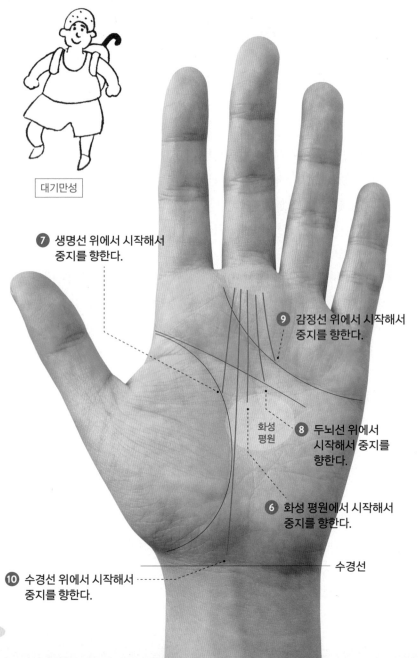

대기만성

7 생명선 위에서 시작해서
중지를 향한다.

9 감정선 위에서 시작해서
중지를 향한다.

화성
평원

8 두뇌선 위에서
시작해서 중지를
향한다.

6 화성 평원에서 시작해서
중지를 향한다.

수경선

10 수경선 위에서 시작해서
중지를 향한다.

118

⑥ 화성 평원에서 시작하면 의지와 인내로 성공한다

어려운 상황에서 강한 의지와 인내로 성공을 쟁취하는 손금이다. 태어난 환경이 좋지 않은 경우가 많아서 고생을 하지만, 오히려 어려울수록 불타오르는 성질이며 강인함이 몸에 배어 있다. 주변 사람들과 적극적으로 관계를 만든다. 특히 장사로 부를 얻는다.

⑦ 생명선 위에서 시작하면 대기만성형

착실한 노력을 거듭해 말년에 큰 성공을 거두는 타입이다. 젊었을 때는 기회를 잡기 어려운 부분이 있지만, 인내심이 많아 시련을 잘 견딘다. 희망을 놓지 않고 노력한다. 나이가 들어도 공부를 좋아하고 탐구심도 왕성하다. 늘 긍정적이고 자신의 생각을 실제로 시험하려는 성향 탓에 연구자에게 많이 보이는 선이다.

⑧ 두뇌선 위에서 시작하는 사람은 타고난 재능으로 성공한다

크게 노력하지 않아도 천부적인 재능으로 성공하는 타입이다. 남들에게 천재 소리를 많이 듣지만, 실제로는 상당한 노력가다. 누구나 재능은 갈고닦을수록 빛나기 마련이라 두뇌선이 흘러가는 방향을 잘 보고 특기를 알아두면 좋다. 열심히 노력하면 목표로 하는 분야에서 일인자가 될 수 있다.

⑨ 감정선 위에서 시작하는 사람은 말년에 공적을 인정받는다

꾸준한 노력이 필요한 일에서 성공을 거두는 손금이다. 긴 시간 전문적으로 연구해서 말년이 되면 인정받는다. 특히 수학, 과학 분야에서 좋은 평가를 받는다. 인성도 좋고 주변에서 의지하는 존재이기 때문에 일상생활은 무척 평화롭다.

⑩ 수경선에서 수직으로 뻗는 선은 자신이 믿는 길로 돌진하는 타입

타인과 상관없이 자신이 가고 싶은 방향만을 보고 가는 손금이다. 끈질기고 집중력이 있으며 한 가지만 추구하는 외골수 타입이다. 특기를 일로 살리면 사회적으로도 성공한다. 성실한 데다가 무엇이든 척척 해내는 타입이다. 다만 다른 사람들이 생각대로 움직여 주지 않으면 스트레스를 받는 일이 많을 것이다.

운명선의 농도로
실력 보기

농도 보는 법

중지를 향하는 운명선은 선명하고 색이 진한 선, 보통
농도인 선, 연한 선으로 나눠 판단한다. 운명선은 없
는 경우도 있다.

❶ 선명하고 진하게 나 있다.

❷ 보통 농도로 나 있다.

❸ 연하게 나 있다.

❹ 운명선이 없다.

> 선의 농도는 곧 실력이다. 진할수록 실력을 발휘하고 있다는 뜻이다.

❶ 선명한 선은 능력을 충분히 발휘하고 있다는 표시

몸을 잘 움직여 집중하는 사람일수록 운명선이 선명하게 나 있다. 육체노동을 하는 사람은 특히 강하게 나타난다. 한눈팔지 않고 자신의 뜻대로 밀고 나갈 수 있기 때문에 좋은 상황이라고 할 수 있다. 자신감이 넘쳐서 다른 직장으로 옮겨도 곧 새로운 자신을 발견해서 좋은 환경을 만들어갈 수 있다.

❷ 보통 농도는 환경에 잘 적응하고 있다는 증거

환경에 잘 적응하고 있다는 뜻이다. 남성의 경우 데스크 업무에서 좋은 실적을 올리고, 자아도 세지 않다. 합을 중시하기 때문에 대인 관계도 양호하다. 여성의 경우는 적극적으로 사회에 나가 힘을 발휘한다. 무리해서 집에 있으려고 하면 운기가 깎이니 밖으로 나가자.

❸ 운명선이 연하면 하루하루의 충실감이 적다

자신을 둘러싼 환경에 잘 적응하지 못했다는 뜻이다. 남성의 경우 지금 하는 일에 자신의 힘을 전부 쏟지 못한다. 이직이 잘되지 않아 풀이 죽는다. 중요한 것은 자신감이다. 일단 용기를 갖고 행동하자. 여성은 운명선이 얇은 경우가 드물다. 가정을 중시해서 일을 하더라도 파트타임을 택한다.

❹ 운명선이 없으면 사회와 관련이 적다는 뜻

집에 있으면서 사회와 관련이 적다는 뜻이다. 남성의 경우는 정해진 직업이 없고 스스로 생계를 유지하기가 어려워서 집에 틀어박히기 쉽다. 여성도 마찬가지로 일에 대한 관심이 적다. 전업주부에게 운명선이 없는 경우가 많다. 그러나 사회적으로 어떤 도움이 되고자 하는 목표를 가지면 운명선이 점점 뚜렷해질 것이다.

3 운명선의 형태로 인생의 흐름 보기

형태 보는 법

중지를 향하는 운명선 모양에는 크게 4가지 패턴이 있다. '직선으로 뻗는 선', '구불구불 휘는 선', 주선이 깔끔하게 하나로 이어지지 않고 '끊어져 있는 선', 운명선 위에 2~5mm 정도 되는 타원 모양의 '섬이 있는 선'이다.

❶ 직선이다.

❷ 구불구불 휘어 있다.

❸ 중간에 끊어져 있다.

❹ 섬이 있다.

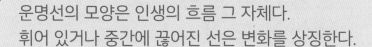

> 운명선의 모양은 인생의 흐름 그 자체다.
> 휘어 있거나 중간에 끊어진 선은 변화를 상징한다.

① 직선은 견실한 인생과 안정된 말년을 뜻한다

자신의 속도를 지키면서 망설임 없이 인생을 나아가는 손금이다. 하고 싶은 일에 도전하기 때문에 후회가 없다. 집도 마음에 들면 계속 살고 일도 마음에 들면 바꾸지 않는다. 위험한 일에는 일절 엮이지 않으며 무슨 일이든 착실하게 한 걸음씩 나가기 때문에 말년이 될수록 운도 좋아진다.

② 구불구불 휘어 있는 선은 파란만장한 인생을 암시

산전수전을 겪는 손금이다. 자신감이 부족하고 타인에게 영향을 잘 받기 때문에 늘 불안정한 마음을 갖고 있다. 마음이 착해서 곤란한 사람이 있으면 무리를 해서라도 도움을 주기 때문에 상황이 안 좋아지기도 한다. 가정이나 직장에서 트러블이 많은데, 주변에 큰 기대를 하지 않으면 상황은 개선된다.

③ 뚝뚝 끊어진 선은 변화를 좋아하는 사람

짧은 선 여러 개로 이루어진 운명선은 변화를 좋아해서 한 군데에 머무르지 못하는 인생을 나타낸다. 집이나 직장도 자주 바뀌어서 새로운 환경에 적응할 때쯤 또 다른 것에 흥미가 생긴다. 착실하게 한 걸음씩 내딛기가 어려워서 기분도 자주 바뀌고 끈기가 없다. 한 걸음만 더 가면 되는데 그만두기도 하니 포기하지 않고 계속하는 것이 운이 열리는 포인트다.

④ 운명선에 있는 '섬'은 인생의 큰 슬럼프를 암시

운명선에 섬이 생기면 인생에 막대한 영향을 주는 큰 슬럼프가 온다. 섬이 있는 유년 동안에만 일어난다. 섬이 자잘하게 생겼다면 그때마다 고민을 하게 된다는 뜻이다. 기가 약해서 문제를 끌어당기는 경향도 있기 때문에 마음을 굳게 가져 보자. 노력하면 선에 생긴 섬도 점점 없어질 것이다.

4 운명선의 종점으로 재산운 보기

종점 보는 법

중지 쪽으로 향하는 선은 감정선이나 두뇌선 부근에서 멈춰도 운명선으로 본다. 또한 중지 아래에서 검지 쪽에 가까운지 약지 쪽에 가까운지에 따라서 의미가 달라진다.

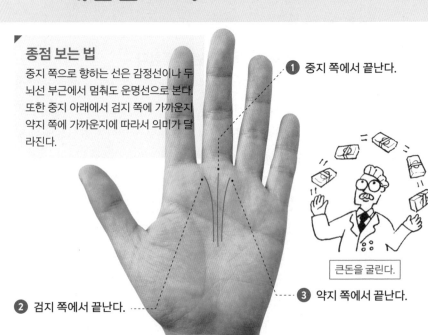

① 중지 쪽에서 끝난다.

큰돈을 굴린다.

③ 약지 쪽에서 끝난다.

② 검지 쪽에서 끝난다.

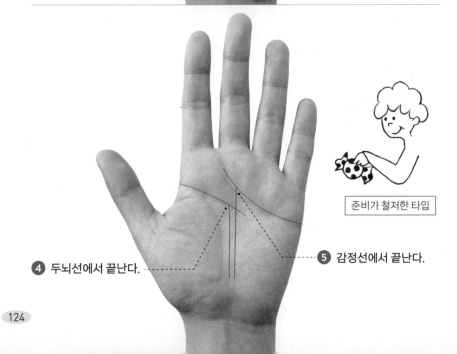

준비가 철저한 타입

④ 두뇌선에서 끝난다.

⑤ 감정선에서 끝난다.

운명선의 종점을 보면 사회적 지위나
재산 쌓는 법을 알 수 있다.

❶ 중지 쪽에서 끝난다면 성공은 하지만 재물운이 약하다

가족의 속박을 받지 않고 타인에게도 휩쓸리지 않은 채 자유로운 인생을 보내는
손금이다. 목표를 정하고 스스로 노력해서 성공을 거두는데, 재물복은 없는 경향
이 있다. 종점이 중지의 경계선까지 뻗어 있다면 평생 직업을 갖게 된다.

❷ 검지 쪽에서 끝난다면 '믿음'이 자산인 사람

인복이 있어서 사회적 신용을 얻고 운이 열린다. 타인에게 높은 평가를 받고 명예
를 얻는 것이 최고의 가치라고 여기는 타입이다. 돈을 버는 것에는 크게 관심이
없어서 돈을 관리해 줄 사람이 곁에 없으면 재산이 많이 남지 않으니 조심하자.

❸ 약지 쪽에서 끝난다면 큰돈을 화려하게 움직인다

부동산을 자손에게 남기기 위해 노력한다. 물려받은 재산을 지켰다가 물려주는
경우도 있다. 돈을 불리고 쓰는 것을 좋아해서 큰돈을 움직인다.

❹ 두뇌선에서 끝난다면 재능을 살려서 돈을 버는 사람

재능을 살려서 인생을 개척한다는 뜻이다. 선이 곧으면 경제적으로도 안정적이
어서 능력을 더 갈고닦아 주변 사람에게 은혜를 베푼다. 섬이 있거나 흐트러져
있으면 돈이 새어나갈 위험이 있으니 신중하게 행동하자.

❺ 감정선에서 끝나는 사람은 면밀히 준비해서 지위를 차지한다

일에 모든 정력을 쏟아부어 사회적인 성공을 거둔다. 계획성이 있어서 빈틈이
없고 착실하게 지위나 명예를 손에 넣는다. 그러나 돈에는 크게 관심이 없어서
재산은 적당히 남기는 정도일 것이다. 감정선이 좋지 않으면 금전 문제로 고생
한다.

5 운명선의 지선으로 인생의 전환기 보기

지선 보는 법

운명선은 아래에서 중지를 향하는 선이
다. 따라서 아래쪽에서 운명선에 붙는 선
을 '합류'로 간주한다. 주선에서 위를 향
해 선이 나오는 것은 '분기'로 본다.

❸ 지선이 같은 장소에서
합류와 분기를 한다.

❷ 위쪽으로 지선이
분기한다.

❶ 아래쪽에서 지선이
합류한다.

운명선에 지선이 합류하거나 분기하는
지점으로 운명의 사람과 만나거나 운이 크게
열리는 시기를 알 수 있다.

❶ 운명선에 지선이 합류했다면 지지해 주는 사람이 있다

운명선이 굵고 선명하다면 만난 사람이 힘이 되어 운이 크게 열린다. 이때 운명
선은 길이는 상관없어서 짧아도 괜찮다. 이 부분의 지선은 너무 얇아서 찾기가
어렵지만, 익숙해지면 자연스럽게 볼 수 있게 된다.

❷ 운명선에서 지선이 분기했다면 운이 크게 열릴 징조

분기하는 지점을 유년법으로 계산해 보자.(130쪽) 그 나이에 크게 전환점이 될 사
건이 일어나고, 거기서 운이 크게 열린다. 선의 길이가 길수록 행운기가 이어진다.

이 지선은 굵기나 농도가 자주 변한다. 굵은 지선이 있다면 유년법으로 계산
한 그 나이에 운이 크게 열린다. 짧고 얇은 지선이라 할지라도 운은 열린다. 거기
서 더 노력하면 지선이 점점 굵고 짙어지며 큰 운으로 바뀔 것이다. 생명선의 개
운선(182쪽 참고)과 시기가 겹쳐 있다면 더 확실하다는 뜻이다.

❸ 같은 장소에서 지선이 합류·분기한다면 운이 열린다는 표시

운명의 사람과 만나, 그 운명선과 합류하거나 분기한 그 나이에 좋은 일이 일어
나고 그대로 운이 열리는 흐름을 나타낸다. 크게 노력하지 않아도 자연스레 길
이 열린다.

운이 열린 상태일 때는 특히 선 자체의 빛깔이 좋고 선명하게 나타나고, 가끔
은 지선이라고 해도 운명선과 비슷할 정도로 짙게 보일 때도 있다. 이런 선은 운
명선 한 군데에서만 나는 게 아니라 여러 군데에서 볼 수 있는데, 그때마다 운이
계속 열릴 것이다.

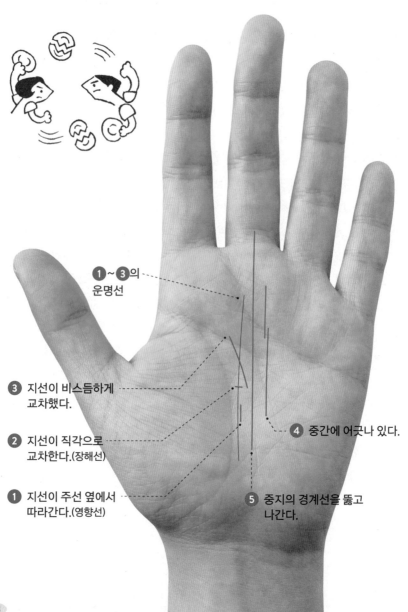

①~③의
운명선

③ 지선이 비스듬하게
교차했다.

② 지선이 직각으로
교차한다.(장해선)

④ 중간에 어긋나 있다.

① 지선이 주선 옆에서
따라간다.(영향선)

⑤ 중지의 경계선을 뚫고
나간다.

❶ 지선이 운명선 옆만 따라간다면 관계가 이루어지지 않는다

운명선에 지선이 합류할 듯 합류하지 않고 따라가기만 한다면 자신에게 강한 영향을 주는 운명의 사람과 만나고는 있지만 결국에는 이어지지 않는다는 뜻이다. 유년법(130쪽 참고)으로 봤을 때 지선이 끝나는 부분이 관계가 끝나는 시기다.

❷ 지선이 직각으로 가로지른다면 트러블을 예고

운명선에 직각으로 교차하는 지선을 장해선(184쪽 참고)이라고 부른다. 운명선에 이 장해선이 나타났다면 유년법으로 계산한 그 지점에 인생을 좌우할 정도로 큰 트러블이 발생한다는 뜻이다. 장해선이 짙고 분명할수록 트러블의 정도가 심각해진다. 선을 발견했다면 주의 깊게 행동하도록 하자.

❸ 지선이 비스듬하게 가로지른다면 이별을 암시

지선이 운명선을 뚫고 반대쪽으로 간다면 운명의 사람이라고 생각했던 사람과 이별하거나 믿었던 사람에게 배신을 당한다는 암시다. 힘든 사건이 되겠지만, 증오를 품고 있으면 운기가 떨어지니 좋아하는 일에 몰두하는 것이 좋다.

❹ 중간에 어긋났다면 선을 별개로 생각한다

운명선이 중간에 어긋나 있다면 운명선을 두 개로 간주하고, 어긋나 있는 유년의 나이에 큰 변화가 찾아온다는 뜻이다. 오른쪽으로 나갔다면 주거지나 일에 관한 변화, 왼쪽으로 나갔다면 생각이나 정서에 관한 변화가 있을 것이다.

❺ 중지의 경계선을 뚫고 지나간다면 길흉을 맛보는 인생을 의미

길과 흉이 뒤섞인 인생을 암시한다. 도요토미 히데요시가 이 손금을 가졌다고 하는데, 화려하게 보여도 안정된 생활을 하지 못하고 많은 고민에 시달린다. 말년에는 고독해져 죽음을 선택하는 사람도 있다. 하지만 가족이나 친구를 소중히 여기면 상황이 나아지고 어려움을 극복할 수 있다.

운명선으로 인생의 전환기를 본다
다양한 선이 있으니 유연하게 감정하도록 하자

손목에서 시작해 중지의 경계선으로 올라간다

운명선은 생명선과 마찬가지로 '유년법'을 사용해서 인생의 변화 시기를 알
수 있다. 운명선은 손목 쪽에서 위를 향해 뻗기 때문에 손목 쪽 나이를 15세
로 보고 위로 갈수록 많아진다. 중지의 경계선은 100세로 최종점이다.

유년법은 운명선이 수경선 쪽에서 똑바로 중지를 향해 가는 것을 기준으로
생각한다. 손바닥 중앙을 30세로 보고, 그 절반을 21세, 56세로 나눠서 본다.

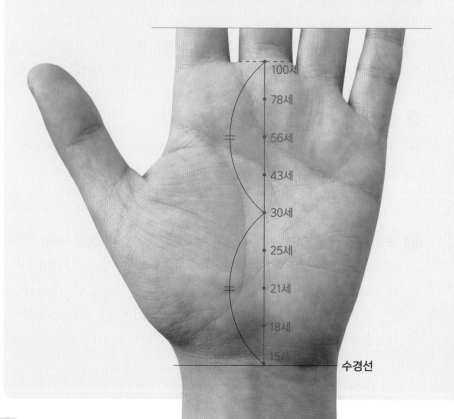

100세
78세
56세
43세
30세
25세
21세
18세
15세

수경선

유연하게 유년을 대입하자

운명선이 수경선 쪽에서 시작해서 똑바로 뻗었을 때는 유년법을 그대로 대입한다. 금성구나 월구 등에서 출발해서 비스듬하게 들어가는 선도 많다. 이럴 때는 시작점과 중지의 경계선 중앙을 곡선으로 이어 운명선의 합류점, 분기점 등을 대입해 본다.

선이 꼭 길지만은 않기 때문에 중지 아래의 토성구까지 완전하게 들어가 있지 않은 운명선이라도 중지를 향하고 있다면 모두 운명선으로 보고 유연하게 대입하자.

환경 변화가 많은 사람은 많은 운명이 교차했기 때문에 운명선이 여러 개나 있다. 하나하나 검증하면서 언제 운명이 움직이는지 알면 좋다. 생명선과 운명선은 연동되어 있기에 둘을 합쳐서 보면 더 확실하게 감정할 수 있다.

이런 선은 이런 뜻!

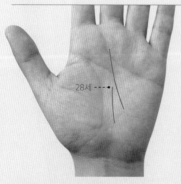

운명선이 여러 개 있다면 그 끊어진 부분이 전환기

수경선 쪽에서 뻗는 운명선은 손바닥 중앙에서 살짝 아래인 28세 정도 지점에서 끊어졌기 때문에 이때 전환기가 찾아올 것을 예고한다. 겹치듯 뻗는 운명선은 남의 도움으로 운이 상승한다는 뜻이다.

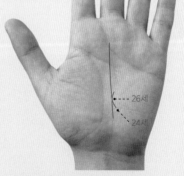

운명선으로 합류하거나 분기하는 것은 만남과 결혼을 뜻한다

운명선으로 합류하고 분기하는 경우는 대부분 합류가 결혼, 분기는 그 후의 좋은 결혼 생활을 뜻한다. 이 손금의 경우에는 24세쯤에 좋은 파트너를 만나고, 운명선에 합류하는 26세에 결혼한다. 그 결혼은 무척 좋은 작용을 한다는 뜻이다.

태양선이란?
약지를 향해 위쪽으로
뻗는 선이다.

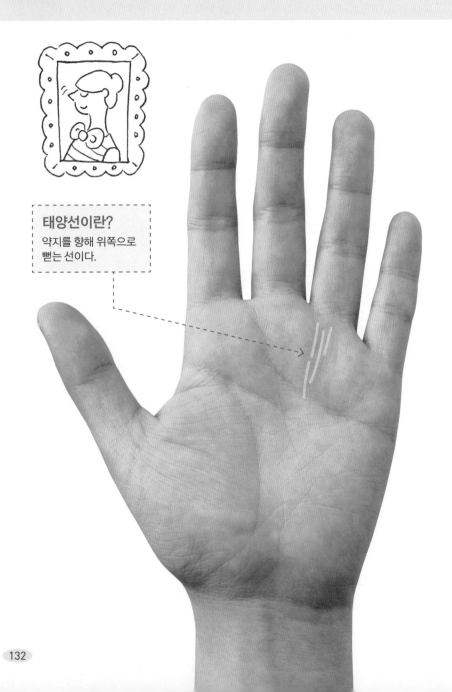

> 태양선은 하늘에 빛나는 태양처럼
> 인생의 성공이나 명예, 재산을 나타낸다.

사회적 성공이나 인기, 명성이 있는지 없는지 나타낸다

약지를 향해 위쪽으로 뻗는 선을 태양선이라고 한다. 태양선은 말 그대로 인생의 빛을 약속하는 선으로 사회적 성공, 인기, 명성 등을 나타낸다. 성공을 하면 돈이 잘 들어오기 때문에 금전운이 좋은지도 알 수 있다. 태양선은 본인이 느끼는 대로 나타나기 때문에 성공했더라도 본인이 그렇게 느끼지 않는다면 나타나지 않기도 한다.

이 선은 여러 방향에서 시작하는데, 시작 지점에 따라 성공하는 분야나 내용이 정해진다. 금성구나 월구 쪽에서 길게 뻗는 선도 있고, 태양구에만 짧게 나타나는 선도 있다.

태양선은 있기만 해도 행운인 선

태양선은 누구에게나 나타나는 선은 아니고, 길이나 농도에 상관없이 '있기만 해도 행운'이라고 생각하면 좋다. 특히 여성에게는 잘 나타나지 않아 없더라도 실망할 필요는 없다. 태양선은 변화하기 쉬운 선 중 하나이므로 나중에 나올 때도 있다.

태양선도 노력을 게을리하거나 거만해지면 그 위에 수평으로 교차하는 얇은 선(장해선)이 나올 때가 있어 성공에 그림자가 드리운다. 항상 전진하는 마음으로 태양처럼 주변을 비추는(도우려는) 마음을 가지면 선을 유지할 수 있다.

태양선으로 알 수 있는 것

▶ 어떤 분야에서 성공하는가
▶ 어떤 재능을 가졌는가
▶ 언제 운이 열리는가
▶ 금전운
▶ 지지자가 있나 없나

시작점 보는 법

손바닥 어느 부분에 있는 선이든지 약지
쪽을 향하는 선은 태양선이다.

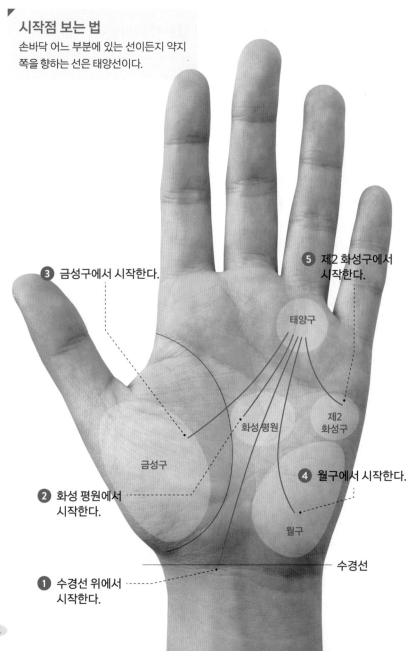

❸ 금성구에서 시작한다.

❺ 제2 화성구에서
시작한다.

태양구

화성 평원

제2
화성구

금성구

❹ 월구에서 시작한다.

❷ 화성 평원에서
시작한다.

월구

수경선

❶ 수경선 위에서
시작한다.

> 태양선의 시작점을 보면 성공 방법이나
> 재물복이 있는지 알 수 있다.

❶ 수경선 위에서 시작하면 재능을 살려서 성공한다

자신의 재능을 발휘해서 성공하는 손금이다. 젊었을 때 고생도 많이 하지만, 독립심이 커지기 때문에 20대부터 재능을 발휘한다. 태양선이 짙고 선명하다면 더 확실하다. 특히 예술이나 실업 분야에서 활약한다.

❷ 화성 평원에서 시작하면 노력으로 성공을 쟁취한다

본인의 노력으로 성공하는 사람이다. 지기 싫어하며 강인함이 있다. 용기를 갖고 자신이 믿는 길을 나아가다 보면 남들이 아직 하지 않은 분야를 개척할 것이다. 명성에 돈까지 쟁취해 알찬 말년을 보낸다.

❸ 금성구에서 시작하는 사람은 예술적 재능이 있다

창조력이 있어 미술이나 문학 분야에서 실력을 발휘해 활력 넘치는 작품을 만들어낸다. 특히 성적인 것을 주제로 한 작품에서 폭넓은 인기를 얻을 수 있다. 그림 그리기나 글쓰기를 취미로 삼아도 자신의 장점을 이끌어낼 수 있다.

❹ 월구에서 시작하는 사람은 타고난 스타

대중에게 인기를 얻고 주변 사람들의 도움을 받아 유명인이 되는 손금이다. 선이 직선이면 제삼자에게 도움을 받아 행운을 붙잡고, 선이 곡선이면 도박이나 내기에 빠지는 면도 있다. 하지만 돈으로 걱정할 필요는 없다.

❺ 제2 화성구에서 시작하면 착실하게 재산을 쌓는다

인내심과 지구력이 있고, 성실한 성격이라 주변 사람들의 신뢰를 얻어 착실하게 재산을 쌓아나간다. 적은 자본으로도 크게 돈을 벌 수 있다. 특히 접객을 잘해서 장사에 재능을 발휘한다. 자영업부터 경영까지도 추천한다.

1 태양선의 시작점으로 성공 패턴 보기

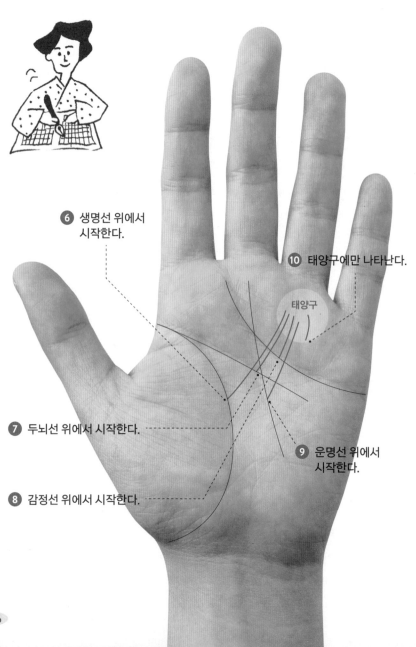

6 생명선 위에서 시작한다.

10 태양구에만 나타난다.

태양구

7 두뇌선 위에서 시작한다.

9 운명선 위에서 시작한다.

8 감정선 위에서 시작한다.

6 생명선 위에서 시작하는 사람은 글재주로 성공한다

착실한 노력을 인정받아 명예를 손에 넣는 손금이다. 글재주가 있어서 논문이나 예술 작품으로 상을 받는데, 시기가 조금 늦을 가능성도 있다. 책임감이 강해서 자신의 가정을 우선으로 생각하기 때문에 일로 돈도 벌면서 재능을 키우는 경우가 대부분이다. 경제적으로 여유가 있어 평안하고 화목한 가정을 꾸린다.

7 두뇌선 위에서 시작하는 사람은 전문직에서 명성을 얻는다

재능을 살려서 명성을 얻을 수 있는 손금이다. 두뇌가 명석하고 사교적이며 수완이 상당히 좋아서 시대의 흐름을 잘 탈 수 있다. 음악이나 미술에 정통하고 화제가 풍부해서 사람을 지루하게 만들지 않는다. 집중력이 있고 연구를 좋아해서 전문직이나 평론가로서 높은 평가를 받을 수 있다.

8 감정선 위에서 시작하는 사람은 조직에서 실력을 발휘한다

이 손금은 관청이나 회사 등 조직에 속해서 착실하게 실적을 남긴다. 배우자 복도 있어서 결혼 이후 운세가 안정된다. 특히 50세 이후에는 운이 열리기 시작해서 인생관도 인간관계도 크게 바뀐다. 새로운 취미도 늘어나서 중년과 말년에 열심히 살게 될 것이다. 업무적으로는 기술직, 연구직에서 성과를 올릴 수 있다.

9 운명선 위에서 시작하는 사람은 분기하는 나이에 운이 열린다

태양선이 나타나는 유년(130쪽 참고)의 나이 때부터 운이 열린다. 결혼이나 독립, 회사에서 근무한다면 승진 등의 경사가 찾아온다. 그때가 인생의 전환기이기도 해서 부와 명예를 모두 얻을 수 있다. 선이 선명할수록 성공 정도도 커진다.

10 태양구에 나타났다면 안정을 지향하는 견실한 사람

지금 보내는 하루를 제일로 생각하고 작은 일에 행복을 느끼면서 사는 타입. 이 선을 가진 사람의 대부분이 회사에 근무하면서 안정적인 수입을 얻으며 계획을 세워서 인생을 보낸다. 평범하지만 따뜻하고 행복한 가정을 꾸릴 것이다. 어떤 문제가 생겨도 긍정적으로 해결할 사람이다.

장사 기질이 있고 커뮤니케이션 능력이 높다

생명선 위나 월구, 화성 평원 등에서 소지 아래의 수성구를 향해 뻗는 세로선을 '수성선'이라고 한다. 수성선은 타인과 얽히면서 발전하는 가능성을 나타낸다.

수성선이 길게 나타나는 사람은 드물지만, 만약 나타났다면 좋은 파트너를 만나거나 자손이 번영하거나 경제적으로 안정적으로 살 수 있는 힘을 가지는 특별한 선이다. 또한 커뮤니케이션 능력이 뛰어나 대화를 잘해서 외국어를 쉽게 배우는 재능도 돋보인다. 사람과 물건을 능숙하게 움직이는 장사꾼 기질이 있어 큰돈을 손에 넣을 것이다.

수성선 중에서도 수성구에만 나타나는 선을 '재운선'이라고 부르는데, 단기적으로 현재의 경제 상황을 나타낸다.

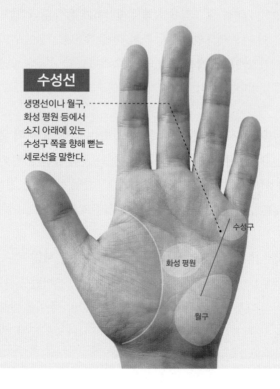

수성선

생명선이나 월구,
화성 평원 등에 있는
소지구 쪽을 향해 뻗는
세로선을 말한다.

수성구

화성 평원

월구

직감선 구별법

월구에 나타난 수성선과 닮은 직감선은 종점으로 구별한다

수성선처럼 월구에 나타나는 선 중에 '직감선'이라는 선이 있다. 직감선은 수경선 쪽에서 월구를 감싸듯 커브를 그리며 월구 위쪽으로 흘러간다. 수성선이 수성구를 향하는 반면 직감선은 월구 위쪽으로 흘러간다.

생명선이 삶의 상징으로 육체 에너지의 상황을 나타낸다면, 직감선은 생명선과 대조적으로 죽음을 상징하며 눈에 보이지 않는 육감을 느낄 수 있는 에너지를 나타낸다.

직감선이 선명하게 나타나 있을수록 예민한 편으로 감성을 살릴 수 있는 일이 어울린다. 예술가나 작가, 종교인, 사업가, 점술가, 카운슬러 같은 직업을 얻으면 재능을 발휘할 수 있다.

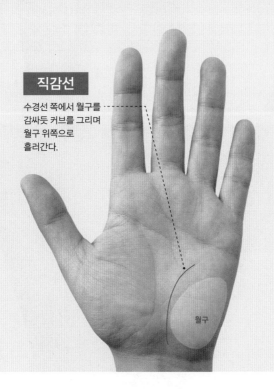

직감선

수경선 쪽에서 월구를 감싸듯 커브를 그리며 월구 위쪽으로 흘러간다.

월구

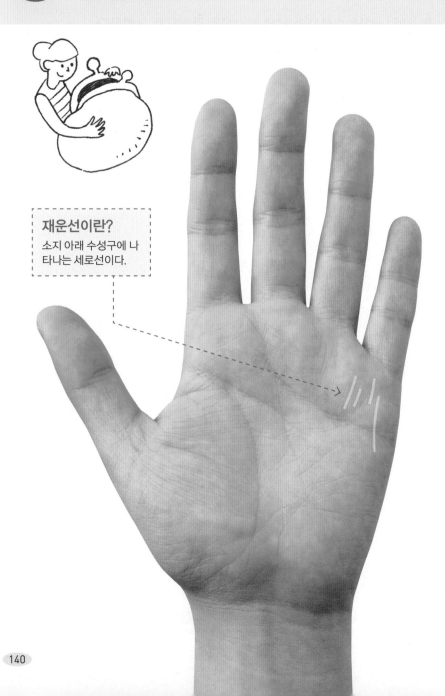

재운선이란?
소지 아래 수성구에 나
타나는 세로선이다.

수입에 대한 만족도가 형상으로 나타난다

재운선은 소지 아래 수성구에 나타나는 세로선을 말한다. 수성선의 일종이며 현재의 경제 상태나 금전운에 따라 변화한다.

재운선은 대개 세로로 하나가 곧게 뻗지만, 그 사람의 수입 형태에 따라 개수가 달라진다. 개수가 많을수록 돈이 들어올 곳이 많다는 뜻이다.

또한 경제 상태가 좋으면 선이 선명하게 나타나는데, 수입이 적거나 낭비가 심하면 옅어지거나 끊어져서 불분명해진다. 재운선이 옅을 때는 도박이나 복권운이 좋지 않으니 손을 대지 않는 편이 좋다.

돈을 써야 하는지, 저축해야 하는지도 알 수 있다

이미 성공해서 돈에 여유가 있는 사람이라도 재운선이 나타나지 않는 경우가 있다. 재운선은 돈의 유무가 아니라 본인의 만족도를 나타내기 때문에 본인이 '아직 부족해.'라며 만족하지 않아서 재운선이 안 보이는 것이다.

재운선은 현재의 상태를 나타내기 때문에 손금 중에서도 변화가 잦은 선이기도 하다. 재운선을 자주 체크하면 지금 돈을 써도 되는지 저축을 해야 하는지, 혹은 어떻게 해야 돈복이 생기는지 알 수 있다.

깰까 말까….

재운선으로 알 수 있는 것

▶ 현재의 경제 상태
▶ 돈이 들어오는 곳의 개수
▶ 재산운이 강한가 약한가
▶ 경제관념이 있는가 없는가
▶ 돈을 쓰는 법

1 재운선의 형태로 경제 상태 보기

❶ 곧고 선명하면 풍족하다는 표시

선명한 재운선은 현재 돈이 풍족하다는 표시다. 저축을 시작하기에도 좋다. 나중에 큰 재산을 모을 것이다. 돈이 있어도 아직 더 큰돈을 얻을 수 있다고 생각한다면 재운선은 나타나지 않는다. 재운선이 옅으면 돈이 들어와도 바로 써버리는 경향이 있다.

❶ 곧고 선명하다.

❷ 구불구불 휘었다.

수성구

❷ 구불구불하다면 돈 때문에 시달린다

재운선이 구불구불 휘어 있다면 현재 돈 버느라 고생하고 있다는 표시다. 열심히 일해도 좋은 평가를 받지 못하고 수입으로 이어지지 않는다. 겸업하거나 구조 조정의 위기를 느끼거나 긴장감 속에서 일하고 있다. 서두르지 말자. 노력하면 점차 안정될 것이다.

❸ 뚝뚝 끊어지는 선은 돈을 낭비한다는 암시

재운선이 뚝뚝 끊어진다면 돈이 들어와도 바로 나간다는 표시다. 수입 이상으로 지출이 많아서 돈을 모을 수가 없다. 돈이 없다는 사실을 알고 있어도 충동구매나 도박 등으로 낭비하기 때문에 카드를 갖고 다니지 말거나 지갑에는 최소한의 현금만 넣어두는 등 소비를 줄이도록 하자.

❸ 뚝뚝 끊겼다.   수성구

부자가 되는 손금

꿀팁!

❶ 태양구와 수성구 사이에 난 직선은 최강의 재물운을 표시

부모의 재산이나 양자로 들어간 집안의 유산을 물려받는다. 소비를 좋아해서 원하는 물건은 바로 손에 넣지만, 생활이 곤란해지는 일은 없다. 복권 운이나 도박운이 좋아서 큰돈을 얻을 수도 있다. 항상 어딘가에서 돈이 들어와 풍족한 생활을 보낸다.

❷ 금성구에서 뻗는 재운선은 큰 유산을 얻는다

큰 유산이 들어오는 것을 나타낸다. 장남이나 장녀에게 나타나기 쉬운 특이한 선인데, 차남이나 차녀라도 집안의 재산을 물려받는 경우에는 나타난다. 선명하고 길게 나타났다면 상당한 유산을 물려받고 그것을 지키는 역할이 될 것이다. 중간에 뚝뚝 끊어진 경우는 유산의 액수가 적다는 뜻이다.

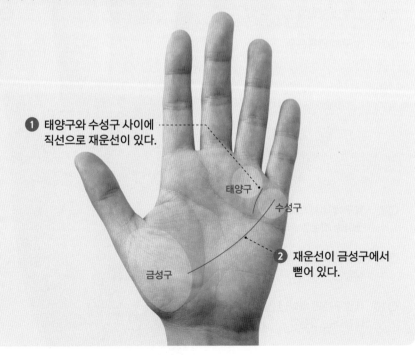

❶ 태양구와 수성구 사이에 직선으로 재운선이 있다.

태양구

수성구

금성구

❷ 재운선이 금성구에서 뻗어 있다.

세로 삼대선

기본 '세로 삼대선'을 총정리하는 시간이다. 사진의 손금을 보고 질문에 답하면 된다. 오른쪽 해답을 가리고 실력을 시험해 보자. 146쪽 감정도 살펴보자.

B의 손금

프로필 남성. 41세. 의사. 두 형제 중 차남. 현재 아내와 아들 3명으로 5인 가족. J리그를 사랑하며 풋살을 하고 있다. 지금은 특히 마라톤에 빠져 있다.

Q1. ⓐ 선의 명칭은?

Q2. ⓑ 선의 명칭은?

Q3. ⓒ 선의 명칭은?

Q4. ⓓ 선의 명칭은?

Q5. ⓔ 선의 명칭은?

Q6. ⓕ 구의 명칭은?

Q7. ⓖ 구의 명칭은?

Q8. 월구에서 시작하는 ⓑ선이 뜻하는 것은?

Q9. 올곧은 ⓓ선이 나타내는 경제 상황은?

Q10. 태양구에만 나타난 ⓒ선이 나타내는 것은?

실전 테스트 해답

A1. 운명선

A2. 운명선

A3. 태양선

A4. 재운선(수성선)

A5. 수성선

A6. 토성구

A7. 목성구

A8. 타인의 도움을 받고 성공한다는 뜻.

A9. 현재 돈복이 있다는 뜻.

A10. 하루하루 생활을 소중히 여기고 작은 일에도 행복을 느끼면서 산다. 따뜻하고 원만한 가정 생활을 하고 있다.

태양선
태양구에만 태양선이 보인다.
운명선
하나는 월구에서 두뇌선까지 뻗고, 다른 하나는 두뇌선에서 뻗고, 또 다른 하나는 두뇌선에서 감정선을 지나 중지 방향으로 뻗어 있다. 그 위에도 짧은 운명선들이 보인다.
토성구
목성구
두뇌선
길고 곧게 뻗어 있다.
생명선
선명하며 볼록 튀어나왔다.
감정선
검지와 중지 사이로 뻗어 있다.
재운선 (수성선)
수성구에 재운선이 곧게 나 있다. 수성구에 있는 것이 재운선이다.

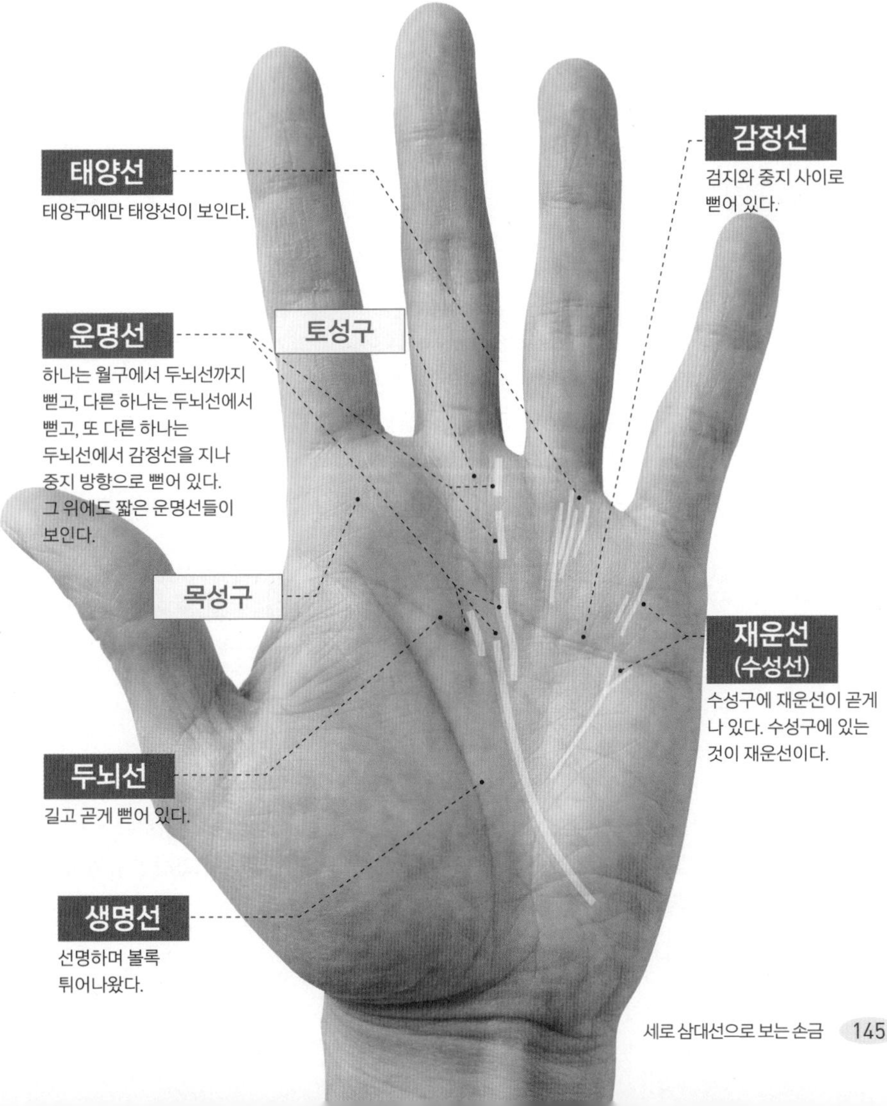

미야자와 미치의 감정 B의 손금

종합운

생명선의 커브가 볼록하게 나와 있다는 것은 생명 에너지가 강하고 타인을 위해 움직인다는 것을 나타낸다. 손가락이 길고 재주가 좋아서 꼼꼼한 작업을 잘하며 신중하게 일을 처리한다. 소지가 약지의 첫 번째 마디보다 길기 때문에 커뮤니케이션 능력이 높다는 것을 알 수 있고, 많은 사람과 얽히는 일을 한다.

재능·사업운

길고 곧게 뻗은 두뇌선은 사고력을 나타내는데, 하나의 문제에 대해 답을 여러 가지로 생각하는 힘이 있다. 운명선은 월구에서 중지 아래로 향한다. 이는 타인의 도움을 받아 성공한다는 뜻이다. 두뇌선 부근부터 왼쪽에도 선 하나, 오른쪽에도 겹치듯이 선 하나가 시작해서 감정선까지 뻗어나간다. 운명선이 겹치는 부분에는 인생의 전환기가 있다.

연애·결혼운

감정선이 검지와 중지 사이에 들어가 있는 것은 애정 표현이 자연스러우며 아내와 자식을 아끼고 지킨다는 뜻이다. 감정선이 커브를 그리는 것은 대화 표현이 부드럽다는 것을 나타낸다. 싸움도 거의 하지 않을 것이다.

재물운

장사꾼 기질이나 커뮤니케이션 능력을 나타내는 수성선이 세로로 들어가 있고 수성구에도 재운선이 곧고 분명하게 나와 있으므로 돈은 순조롭게 들어온다. 소지도 길어서 경영 능력도 있고 사업을 순조롭게 할 수 있다. 손도 꽤 두껍기 때문에 돈이 궁할 일은 없다.

건강운

생명선이 선명하고 크게 나와 있기 때문에 힘이 세고 몸이 건강하다. 하지만 생명선 끝부분이 손목 쪽으로 내려갔다는 것은 몸을 무리하면 건강을 다시 회복하는 데 시간이 꽤나 걸린다는 뜻이므로 조심해야 한다.

4장

기타 선

기본 '가로 삼대선'과 '세로 삼대선' 다음으로 중요한 '기타 선'을 배워보자. 운명의 상대나 강력한 조력자와의 만남을 예고하는 연애선이나 영향선 등, 인생을 걸어나갈 때 알아둬야 할 정보가 자잘한 선에도 담겨 있다.

영향선
연인은 언제 나타날까?

영향선 보는 법

생명선에서 엄지 쪽으로 5mm 정도 이내에 나타나는 얇은 선을 영향선이라고 부른다. 상대방과 어떤 관계인지 보여주기 때문에 연애나 결혼에 대해 판단할 때 참고로 하면 좋다. 생명선뿐만 아니라 운명선에도 들어간다.

연애선으로 알 수 있는 것

▶ 좋아하는 사람이 나타날까?

▶ 연애와 결혼의 방향

▶ 연인과 결혼할 수 있을까?

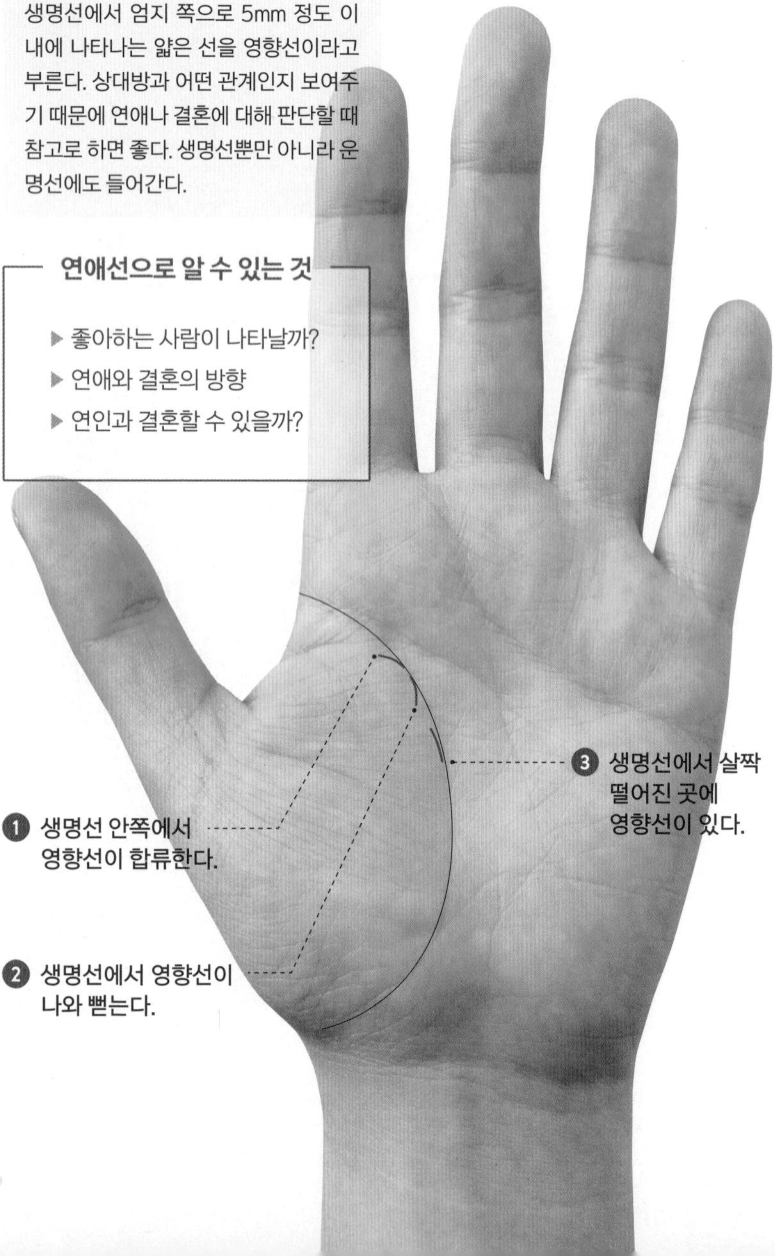

---

❸ 생명선에서 살짝 떨어진 곳에 영향선이 있다.

❶ 생명선 안쪽에서 영향선이 합류한다.

❷ 생명선에서 영향선이 나와 뻗는다.

連인과의 만남과 연애의 방향을 가르쳐준다.

1 생명선으로 합류하면 운명적인 만남을 의미

유년법(66쪽 참고)으로 보면, 선이 시작하는 나이에 운명의 사람을 만나고 합류하는 나이에 맺어진다는 것을 나타낸다. 이 선은 대부분 선이 시작하는 곳에서 결혼하는 사람과 만나고, 선이 합류하는 부분에서 결혼한다는 뜻이다. 또한 사업을 하는 사람은 투자자나 파트너를 만날 수도 있다.

영향선이 길게 나 있을수록 그 사람의 영향을 강하게 받는 인생이 된다. 또한 영향선이 나타났지만 합류하지 않은 경우에는 상대방을 소중히 아끼면 합류하는 형태로 변화하기도 한다.

2 생명선에서 시작한다면 그 나이에 결혼을 예고

영향선이 생명선에서 아래로 나와 뻗어가면 유년법으로 본 나이부터 생활이 바뀌어 갑자기 바빠진다는 것을 뜻한다. 이것이 여성의 경우에는 결혼을 나타내는 경우가 대부분이다. 결혼 전에 여유롭게 살고 있었는데 결혼하고 갑자기 할 일이 늘어나면 이 선이 나올 때가 있다.

또한 이 영향선이 선명하게 나타났을 때는 생명선이 2개 있는 것으로 보고, 남들보다 2배 더 건강하고 밝게, 몸을 잘 움직인다는 뜻이다.

3 생명선에서 조금 떨어져 있다면 지지해 줄 사람이 나타날 것을 예고

영향선이 생명선과 살짝 떨어져서 나 있다면 자신을 계속 지지해 줄 사람이 곁에 있다는 뜻이다. 그 사람이 연인이라면 결혼까지는 가지 않고 동거로 끝나는 경우가 대부분이다. 또는 상사나 동료일 경우, 일이 수월하도록 직접 도와줄 것이다.

영향선이 생명선과 평행하게 나 있으면서 꽤 선명하게 보인다면, 유년법으로 계산해서 그 시기에는 체력이 좋고 에너지가 넘친다는 뜻이다.

① 영향선
연인은 언제 나타날까?

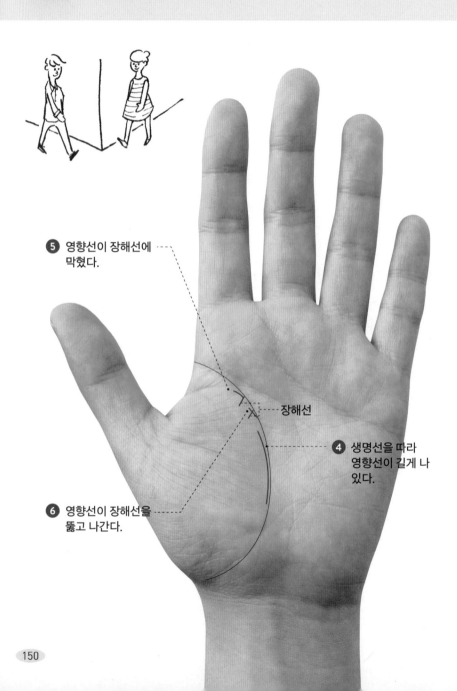

⑤ 영향선이 장해선에 막혔다.

장해선

④ 생명선을 따라 영향선이 길게 나 있다.

⑥ 영향선이 장해선을 뚫고 나간다.

❹ 생명선을 따라가는 긴 영향선은 리더 타입

생명력이 강하고 많은 사람에게 영향을 주면서 사는 사람이다. 무슨 일이든 기다리지 못하고 솔선해서 행동한다. 동시에 인내심을 갖고 꾹 참는 면도 있어서 목표를 세우면 중간에 포기하지 않고 마지막까지 최선을 다한다.

　누구에게나 친절하고 잘 돌봐주기 때문에 리더가 되어 활약한다. 일할 때도 상당한 성공을 거둘 것이다. 체력이 있지만, 그만큼 무리를 하기 때문에 몸이 상하는 일도 있으니 조심하자.

❺ 영향선이 장해선에 막혀 있다면 진정한 사랑과 헤어지는 암시

영향선이 생명선으로 합류할 것 같은 곳에서 수직으로 들어오는 장해선에 막혀 있다면, 운명에 영향을 주는 사람과 맺어지려고 할 때 장애물이 들어와 결국 헤어진다는 것을 암시한다.

　여성의 경우 대부분 사귀던 사람과 결혼 직전에 파혼이 이루어진다는 뜻이다. 회복하는 데 시간이 걸리지만, 그래도 포기하지 않으면 드물게 영향선이 장해선을 뚫고 나가는 경우도 있다. 냉정하게 생각해도 그 상대가 꼭 자신에게 필요하다면, 납득할 때까지 밀어붙이는 것이 좋다.

❻ 장해선을 지나 합류한다면 고생 끝에 낙이 온다는 뜻

영향선이 장해선을 뚫고 뻗다가 합류한다면 큰 트러블이 닥치지만 결국에는 자신의 생각대로 일이 진행된다는 뜻이다.

　여성의 경우 이 선은 대체로 결혼에 대한 것을 나타낸다. 연인과 사귀는 중에 어떤 문제가 일어나서 이별의 위기가 찾아와도 둘이 잘 해결해서 결혼에 이른다는 뜻이다. 또한 일할 때는 파트너와 고난을 같이 헤쳐나가 성공한다는 뜻이다.

2 연애선
폭풍 같은 연애가 찾아올까?

연애선 보는 법

연애선은 감정선 쪽에서 시작해서 생명선을 가로지르는 선이다. 선이 길게 나 있을 때도 있지만, 대부분은 중간에 끊어졌다가 생명선 부근에서 다시 나타난다.

연애선으로 알 수 있는 것

▶ 폭풍 같은 연애를 하는 시기
▶ 사랑의 결과
▶ 성적 매력이 있는가 없는가

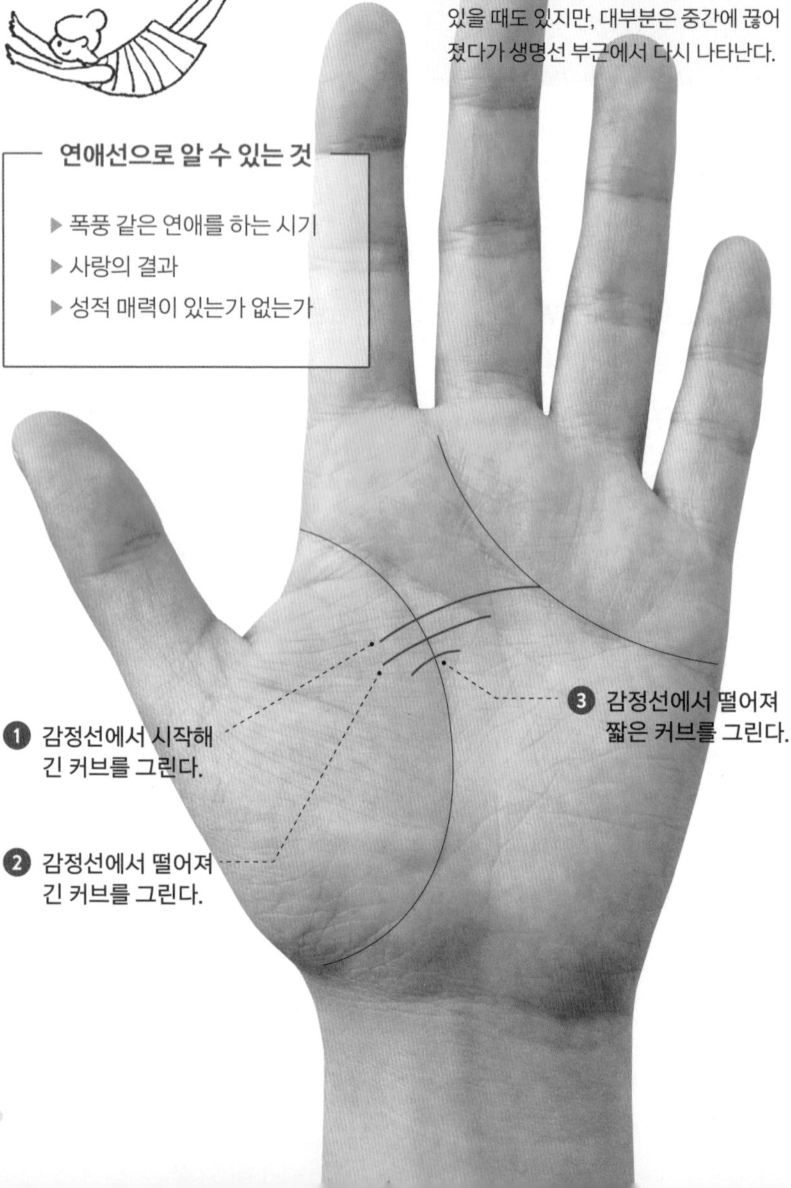

❶ 감정선에서 시작해
긴 커브를 그린다.

❷ 감정선에서 떨어져
긴 커브를 그린다.

❸ 감정선에서 떨어져
짧은 커브를 그린다.

생명선을 가로지르는 연애선을 보면
어떤 사랑을 하는지 알 수 있다.

❶ 감정선에서 시작해 긴 커브를 그린다면 정열적인 사랑의 표시

생명선과 교차하는 유년(66쪽 참고)의 나이에 정열적인 사랑을 한다는 뜻이다. 평
생 잊지 못할 뜨거운 사랑이며, 그 상대와 서로 깊이 사랑한다. 운명의 사람일 수
있다. 교차하는 부분에 개운선(182쪽 참고)이 나 있다면 그 사람과 결혼하거나 사
이에 아이가 생긴다는 뜻이다.

　연애선이 하나라도 있는 사람은 감성이 풍부하고 꾸미는 데 관심이 있으며 성
적 매력이 넘친다. 연애 체질이라 이성에게 인기가 있다.

❷ 감정선에서 떨어진 선도 인상 깊은 연애의 표시

연애선이 감정선 쪽에서 시작해서 중간에 끊어졌지만, 계속 뻗어가면 커브를 그
리는 것처럼 이어져서 보인다. 이 길이가 긴 경우에는 ①과 마찬가지로 정열적
인 사랑을 뜻한다.

　유년법으로 계산했을 때 그 나이에 행복한 사랑을 하게 된다. 추후 인생에 큰
영향을 줄 것이다. 잊을 수 없는 격렬한 사랑이 많고 그 상대와 결혼하는 경우가
대부분이지만, 결혼하지 않는 경우에는 나중에 그 이상의 사랑을 찾지 못하기
때문에 계속 이 사랑을 떠올리게 될 것이다.

❸ 감정선에서 떨어져 짧은 커브를 그린다면 짝사랑의 표시

연애선이 감정선 쪽에서 시작해서 중간에 끊어졌지만, 커브를 그리는 것처럼 이
어져 보이고 길이가 짧을 때는 그 유년의 나이에 사랑을 한다는 뜻이다.

　순조롭기도 하지만, 짝사랑으로 끝나는 경우도 많다. 소극적이기 때문에 상대
방에게 자신의 마음을 전하지 못하는 경우도 있다. 아직 이 나이가 되지 않았거
나 딱 그 나이에 있다면 상대방에게 과감하게 접근해 보자. 선이 변화하고 사랑
도 진전될 것이다.

3 결혼선
결혼 패턴과 결혼 생활

결혼선으로 알 수 있는 것

- ▶ 결혼 횟수
- ▶ 결혼 시기
- ▶ 결혼 생활의 모습이나 문제

결혼선 보는 법

결혼선은 감정선과 소지의 경계선 사이에 나타나는 선이다. 곧고 선명한 선이나 위로 향해 뻗는 선, 두 갈래로 갈라진 선 등 다양하다. 평소에 어떤 마음을 가졌느냐에 따라 변화하기 쉬운 선이다.

1 곧은 선이 하나 뻗어 있다.

2 살짝 위쪽을 향해 뻗어 있다.

3 태양선과 닿아 있다.

4 약지의 경계선을 향한다.

154

> 결혼하는 시기나 횟수, 어떤 결혼 생활을
> 보낼지 알려준다.

❶ 곧은 선이 하나 뻗어 있다면 자신이 바라던 사람과 결혼한다

결혼선이 가로로 하나 뻗어 있다면 자신과 딱 맞는 사람과 결혼할 수 있다는 뜻이다. 선이 굵고 선명하다면 부부의 정도 깊고 서로 배려하며 밝고 즐겁게 생활해 딱 원하던 가정을 꾸릴 수 있다. 경제적으로도 서로 도와 부족함 없이 의식주를 충족할 수 있다.

❷ 살짝 위쪽을 향해 뻗은 선은 운명적인 결혼을 의미

가로로 선 하나가 뻗어 있는데 위를 향한다면 운명적으로 만나 꿈에 그리던 결혼을 한다는 뜻이다. 결혼을 하면서 인생에 운이 크게 열리고, 더 알찬 하루하루를 보낼 수 있다. 솔로 시절과 비교해 세계가 넓어지고 재능을 펼칠 수 있다. 하지만 노력을 게을리하면 점점 선이 아래쪽으로 향하면서 운이 떨어지니 조심하자.

❸ 태양선과 닿아 있다면 신분 상승을 한다

결혼선이 길게 뻗어 태양선과 닿아 있다면, 주변에서 깜짝 놀랄 만한 지위나 명예가 있는 사람과 결혼해 신분이 상승하는 손금이다. 하지만 그때는 풍족함을 얻는 대신 고생도 암시된다. 대부분은 부부가 협력해서 큰 성공을 이룬다. 돈도 자유롭게 쓸 수 있게 되어 화려한 생활을 보내게 될 것이다.

❹ 약지의 경계선으로 향하는 결혼선은 결혼을 암시

결혼선이 약지의 경계선으로 향한다면 사업에서 성공한 사람이나 유명인과 결혼한다는 뜻이다. 결혼으로 인생에서 큰 전환점을 맞이해 어디에 가도 주목을 받게 될 것이다. 화려하게 생활하는 것처럼 보이지만, 속으로는 여러 문제점을 떠안고 있거나 긴장을 늦추지 못하고 늘 예민하게 신경을 쓰면서 생활하게 된다.

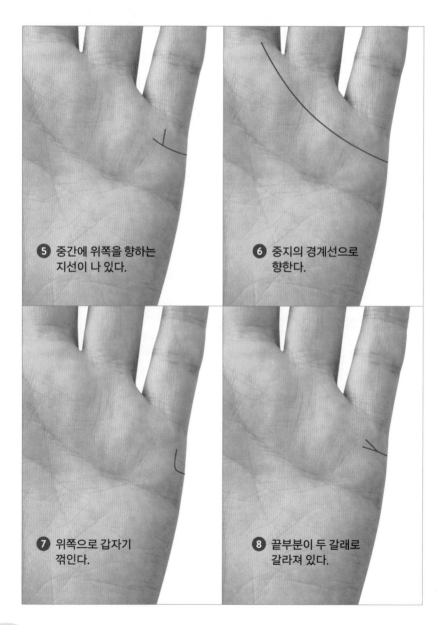

⑤ 중간에 위쪽을 향하는 지선이 나 있다.

⑥ 중지의 경계선으로 향한다.

⑦ 위쪽으로 갑자기 꺾인다.

⑧ 끝부분이 두 갈래로 갈라져 있다.

⑤ 위로 향하는 지선이 있다면 결혼 후에 풍족하다는 뜻

결혼선이 가로로 한 개 나 있고, 중간에 위쪽으로 지선이 나 있다면 결혼을 하면서 독신 때보다 풍족하게 생활할 수 있다는 뜻이다. 사는 환경이 좋아지고 건강하며 경제적으로 여유가 생긴다. 원하는 것을 거의 다 살 수 있어 스트레스도 없다. 부부 금실도 좋아 오래오래 잘 살 수 있다.

⑥ 중지의 경계선을 향한다면 결혼 후에 상대방을 구속한다

결혼선이 중지의 경계선을 향한다면 독점욕이 강해서 상대를 속박하는 손금이다. 상대의 모든 것을 알아야만 직성이 풀려서 하루에 몇 번이나 연락하지 않으면 불안해진다. 상대방도 간섭을 받으면 점점 질리고 자주 싸움을 하게 된다. 열중할 수 있는 취미를 찾아서 혼자서도 즐길 수 있는 시간을 만들자.

⑦ 위로 향하는 짧은 급커브는 독신을 선호한다

사랑보다 일을 택해서 쭉 독신인 타입. 남성이나 여성이나 가정에 어울리지 않고 혼자 있는 게 편하다고 생각한다. 결혼을 해도 불만이 많아서 헤어지는 경우가 대다수다. 혼인 신고를 한다고 해도 별거를 하는 등, 실질적인 혼인 생활을 보내지 않는다. 결혼하고 싶다면 '결혼할 거야'라고 입 밖으로 말을 자주 꺼내자. 운이 달라질 것이다.

⑧ 결혼선이 두 갈래로 갈라진다면 별거를 의미

결혼선 하나가 중간에 갈라지면 부부가 별거를 하거나 또는 같이 살아도 부부 관계가 없다는 것을 나타낸다. 한 명이 타지로 발령을 받는 등 일 때문에 같이 살지 못하거나 부부의 관계가 냉랭해지고 마음도 멀어진다. 헤어지고 싶지 않다면 상대방을 배려하고 감사하는 마음으로 대하며 다정한 말을 나누면 운이 올라갈 것이다.

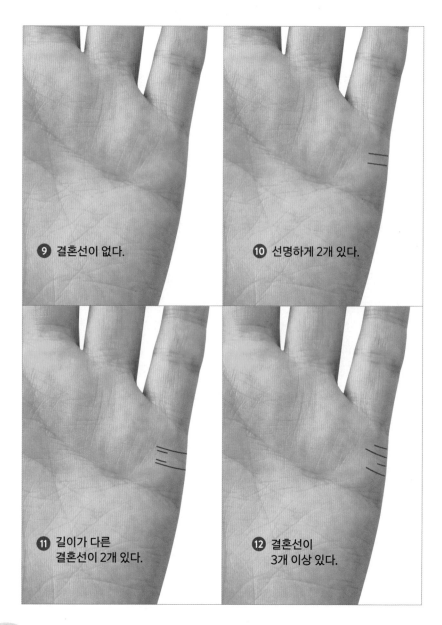

9 결혼선이 없다.

10 선명하게 2개 있다.

11 길이가 다른
결혼선이 2개 있다.

12 결혼선이
3개 이상 있다.

⑨ 결혼선이 없으면 결혼에 흥미가 없다

원래 나타나야 할 위치에 결혼선이 전혀 나타나지 않았다면 결혼에 관심이 없다는 뜻이다. 결혼선이 나타나지 않았다고 해서 결혼하지 않는 것이 아니라, 괜찮은 사람을 좀처럼 만나기 어렵고 진심으로 바라지 않거나 애정 쏟는 법을 모르는 경우도 있다.

비관할 필요는 없다. 다른 선이 나타나 있다면 결혼할 가능성은 아직 있다.

⑩ 결혼선이 2개 나 있다면 결혼을 두 번 한다

결혼선이 비슷한 굵기로 2개 있다면 인생에서 진지하게 결혼을 생각하는 상대를 두 번 만난다는 뜻이다. 한 번 이혼하고 다른 사람과 만나는 케이스도 있고, 헤어졌다가 같은 사람과 재혼하는 경우도 있다. 결혼 직전에 파혼했던 상대와의 동거도 한 번으로 센다. 길이가 더 긴 결혼선이 더 좋은 결혼이다.

⑪ 길이가 다르면 불안정한 결혼을 암시

길이가 서로 다른 결혼선이 2개 있다면, 삼각관계나 불륜에 빠지기 쉽다는 뜻이다. 긴 선 아래에 얇고 짧은 선이 있는 것은 결혼 전에 사귄 연인과 완전히 헤어지지 못했다는 뜻이고, 긴 선 위에 얇고 짧은 선이 있다면 결혼 후에 바람을 피운다는 것을 암시한다. 배우자 말고 다른 이성과 단둘이 있거나 술을 마시지 않도록 주의하자.

⑫ 3개 이상 있다면 여러 이성에게 다리를 걸친다

결혼선이 3개 이상 있다면 여러 이성과 연달아 관계를 맺는다는 것을 나타낸다. 동거도 선 한 개로 친다. 결혼선의 숫자만큼 결혼하는 사람도 있지만, 깊은 관계에 빠지는 사람의 수이기 때문에 반드시 선의 숫자만큼 결혼한다는 뜻은 아니다.

애교가 많아 이성에게 인기가 좋다. 새로운 것을 좋아해서 파트너에게 싫증이나기 쉽다.

1 결혼선 좌우를 합쳐 결혼 횟수 보기

▶ 결혼 횟수 보는 법

소지와 소지를 붙이고 소지 경계선과 감정선의 시작점을 맞대어 결혼선을 확인한다. 양손으로 이어지는 결혼선이 하나면 한 번, 2개면 두 번으로 생각한다.

양손으로 이어지는 결혼선을 유년법으로 따지면 결혼하는 나이를 알 수 있다.

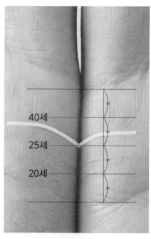

결혼선

결혼선의 유년법

소지 경계선과 감정선의 시작점 사이를 사 등분하고, 감정선부터 위로 순서대로 20세, 25세, 40세라 한다. 양손으로 이어지는 결혼선의 위치를 보면, 결혼하는 나이를 계산해 낼 수 있다. 사진 속 손금은 28세쯤에 결혼한다는 것을 나타낸다.

좌우의 결혼선을 합쳐서 딱 맞는 선은
결혼하는 시기나 횟수를 나타낸다.

결혼선에 유년법을 대입하면 결혼하는 나이를 알 수 있다

생명선이나 운명선과 마찬가지로 유년법(160쪽 참고)에 따라 결혼하는 나이도 알
수 있다. 소지의 경계선과 감정선 사이를 사 등분하고, 감정선부터 위로 20세, 25
세, 40세로 나눈다. 결혼선이 어느 부분을 지나는지 보면 대략적인 나이를 계산
해 낼 수 있다.

좌우의 결혼선을 합치면 결혼 시기와 횟수를 알 수 있다

왼쪽 쪽의 '결혼 횟수 보는 법'에서 설명했듯이, 양손의 결혼선을 합쳐서 딱 이어
지는 결혼선의 수가 결혼하는(동거 포함) 횟수가 된다.

　양손의 결혼선 위치가 완전히 다르다면 인연이 있지만 마음처럼 잘되지 않는
다는 뜻이다. 결혼 기회가 있다면 타이밍을 놓치지 말자. 지나치게 신중해지지
말고 진행하면 좋을 것이다.

꿀팁! 결혼선이 3개 이상

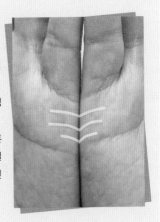

**다정하고 애교가 넘친다!
이성에게 인기 만점 손금!**

결혼선이 3개 이상 있는 사람은 호기심이 왕성해서 항상 새
로운 것을 추구하는 타입이다. 누구에게나 친절하고 배려심
도 좋아서 항상 인기가 있다. 늘 사람이 따르기 때문에 이성
관계가 복잡해지는 경향이 있다.

　그리고 양손의 결혼선이 2~3개가 있으면, 그 수만큼 결혼
한다는 뜻이다. 동거도 한 번으로 세는데, 양손이 딱 맞는 결
혼선 중에서도 가장 굵고 긴 선에 해당하는 결혼에 깊은 인
연이 있다고 생각하면 된다.

2 결혼선에 나타나는 행운 사인

❶ 결혼선 부분이 분홍색이면 곧 결혼한다는 사인

결혼운이 올라와 있다는 뜻이다. 결혼할 운명의 상대와 만남이 곧 찾아오거나 이미 만났을 수도 있다. 생각나는 사람이 있다면 지금이 기회이니 적극적으로 얘기해 보자. 수월하게 진행될 것이다.

이미 사귀는 사람이 있을 때는 둘 사이에 진전이 있어서 결혼 이야기가 나오게 될 것이다. 서로 이 기회를 놓치지 말고 착실하게 결혼 준비에 집중하자.

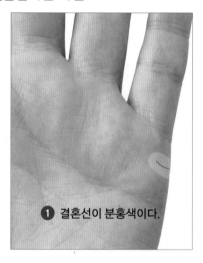

❶ 결혼선이 분홍색이다.

❷ 결혼선을 덮고 있던 '격자무늬'가 사라졌다면, 결혼 진행 사인

결혼에 진심이라는 뜻이다.

결혼운은 있었지만 일이나 가족 등의 이유로 결혼을 미루었거나 결혼에 신중했던 사람도 결혼선 위의 격자무늬가 사라지면서 원래의 운이 나타나기 때문에 결혼 이야기가 빨리 진행된다.

격자가 없어지고 나서 대부분 1년 이내에 결혼하거나 동거를 하게 되어 새로운 생활을 시작한다.

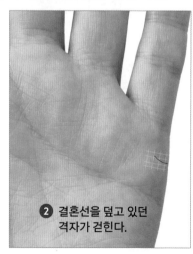

❷ 결혼선을 덮고 있던 격자가 걷힌다.

결혼 관련 행운 사인

❸ 생명선에서 위로 난 지선은 좋은 쪽으로 전환하는 시기

지선이 난 유년의 나이에 기쁜 일이 생긴다. 여성은 대체로 결혼을 뜻한다. 결혼해서 행복해진다는 강한 마음을 갖게 되어 결혼 후에는 운명이 호전된다. 일도 열심히 하고 하루하루가 즐거워질 것이다.

❹ 운명선에서 위로 지선이 났다면 운이 크게 열린다는 표시

지선이 난 유년의 나이에 운이 크게 열린다는 사인. 남성은 업무적으로 독립하거나 승진하며, 여성은 결혼이나 출산으로 운이 상승한다. 이 선이 선명하고 길수록 행복한 운이 이어진다.

❺ 운명선에 지선이 합류한다면 만남을 예고

자신을 지탱해 주는 사람과 만난다는 뜻이다. 그 사람의 힘으로 큰 행복을 잡을 수 있다. 이것은 대부분 결혼을 뜻하는데, 이 선이 굵을수록 자신에게 딱 맞는 상대와 결혼한다는 뜻이다.

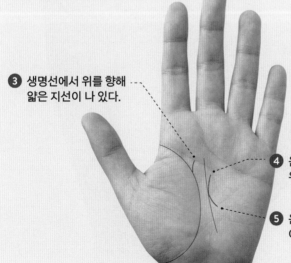

❸ 생명선에서 위를 향해 얇은 지선이 나 있다.

❹ 운명선에서 지선이 위를 향한다.

❺ 운명선에서 지선이 아래에서 합류한다.

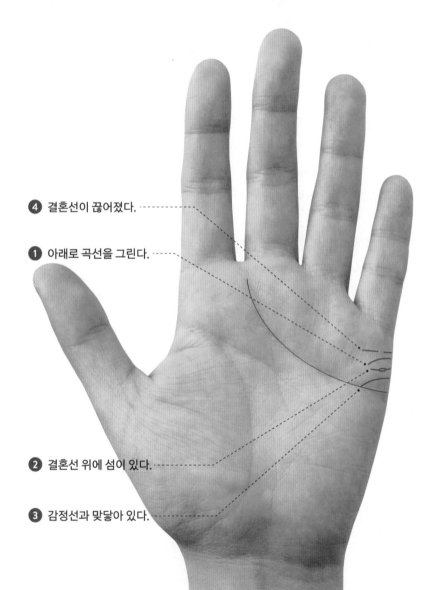

❹ 결혼선이 끊어졌다. ┈┈┈┈┈

❶ 아래로 곡선을 그린다. ┈┈┈┈

❷ 결혼선 위에 섬이 있다. ┈┈┈┈

❸ 감정선과 맞닿아 있다. ┈┈┈┈

❶ 결혼선이 아래로 곡선을 그린다면, 배우자와 엇갈리는 것을 암시

결혼선이 아래 방향으로 곡선을 그린다면, 결혼한 상대와 마음이 통하지 않는다는 뜻이다.

같이 살지만 가치관이 달라서 싸움이 잦아지고 험악한 상황으로 이어질 수 있다. 완전히 헤어질 결심이 선 것이 아니라면 변화할 가능성이 있다. 헤어지고 싶지 않다면 상대를 배려하는 노력을 하자.

❷ 결혼선 위에 '섬'이 있다면 결혼 생활에 트러블이 많다는 뜻

결혼선 위에 생긴 섬은 성격 차이로 트러블이 많고 결혼을 후회한다는 뜻이다.

같이 생활하면서 상대방의 결점이 보이기 시작하고, 사소한 일에 불만을 품지만, 꾹 참고 지나가는 일이 많다. 후에 큰 싸움으로 번지고 제삼자가 끼어들어 이별을 생각하기도 하지만, 결국 다시 돌아오면서 진정이 될 것이다.

❸ 감정선에 맞닿아 있다면 사랑이 식었다는 사인

결혼선이 아래로 길게 뻗어 감정선에 맞닿아 있다면, 사랑이 식었다는 뜻이다.

이 선이 나왔다면 둘이 다시 잘되는 일은 거의 없을 것이다. 결혼을 고집하지 말고 새로운 길을 찾아보자. 또한 결혼선이 감정선을 통과했을 경우에는 상대방이 병에 걸리거나 사고가 나는 등, 어쩔 수 없는 이유로 헤어질 가능성도 있다.

❹ 결혼선이 끊어졌다면 결혼 생활이 이어지지 않는다는 암시

결혼선이 곧게 가다가 끊어지면 순탄했던 결혼 생활이 어떤 이유로 멈춘다는 것을 암시한다.

원래 이어져 있던 결혼선이 갑자기 끊어졌을 경우, 선이 끊어지고 3주 정도 뒤부터 그 영향이 나타나 별거나 이혼하게 될 가능성이 있다. 이 선을 발견했다면 최대한 빨리 대화하는 시간을 가지자.

4 결혼에 적합한 손금
남성 편

결혼에 어울리는 남성의 손은 생명력을 나타내는 엄지 아래의 금성
구가 충분히 두껍고, 성공을 나타내는 태양선이나 책임감이 강한지
나타내는 감정선 등이 선명하게 새겨져 있는 것이 이상적이다.

❸ 수성구 위에 재운선이
선명하게 나 있다.

❷ 약지 아래에 태양선이
선명하게 나 있다.

❶ 감정선이 목성구
중앙으로 흘러간다.

목성구

태양구

수성구

금성구

❹ 엄지 아래의
금성구가 두껍다.

❶ 감정선이 목성구 중앙으로 흘러간다
↳ 가족을 든든히 지키는 남편

변치 않는 애정으로 결혼에 적합한 사람이다. 가정을 제일로 생각하고 아낀다. 하지만 자신도 야무지기 때문에 상대방도 빈틈없길 바랄 것이다. 어느 정도 속박이 강한 경향도 있다.

❷ 약지 아래에 태양선이 선명하다
↳ 사회적으로 인정받는 남편

따뜻하고 온화한 가정을 꾸릴 수 있는 사람으로 결혼에 어울린다. 꿈만 계속 좇지도 않고 현실을 똑똑히 보며 견실한 인생을 보낸다. 경제적으로도 안정되어서 가족이 화목하고 행복하게 보낼 수 있다.

❸ 수성구 위에 재운선이 선명하다
↳ 재물운과 집을 지키는 힘이 있다

정해진 수입이 있어 가족을 지키는 힘을 갖췄기 때문에 결혼에 어울리는 남성이다. 자신이 하고 싶은 일을 즐기는 타입이고, 그것이 수입으로 이어진다. 이 선이 나타난 동안에는 돈 걱정할 필요가 없다.

❹ 엄지 아래의 금성구가 두껍다
↳ 활력이 있다

생명력이 있고 새로운 환경에 적응을 잘한다. 활력이 넘치는 야망가에 터프하며 고집이 있어서 원하는 바를 이룬다. 행동력이 뛰어나 주변 사람들에게도 리더로 인정받아 사회적으로 활약한다.

결혼에 적합하지 않은 손금
남성 편

감정이 풍부하고 금방 사랑에 빠지는 이중 감정선을 가진 남성은 결혼 후에도 불안정해 가족에게 안 좋은 영향을 줄 것이다. 생명선과 두뇌선을 가로지르는 선이 결혼선과 맞닿은 손금은 이혼을 암시하는 등 주의가 필요하다.

❹ 결혼선과 닿는 선이 두뇌선, 생명선을 가로지른다.

❶ 감정선이 두 줄이다.

❷ 감정선이 두뇌선 쪽으로 흘러간다.

❸ 생명선 중간에서 두뇌선이 나온다.

❶ 감정선이 두 줄이다
↳ 외도를 멈추지 못하는 남편

감정선이 풍부해서 여러 사람에게 애정을 쏟는
다. 한 명으로 추리기가 어렵고 본인도 인기가 있
기 때문에 연애하는 동안에도 트러블이 끊이지
않을 것이다.

❷ 감정선이 두뇌선 쪽으로 흘러간다
↳ 가정을 돌보지 않는 남편

가정보다 일이 중심인 남편이다. 남자는 바
깥일을 해야 한다는 생각 때문에 가정은 아
내에게 맡긴다. 가정에 무심한 편이다.

❸ 생명선 중간에서 두뇌선이 나온다
↳ 마마보이 남편

의존증이 심해서 부모에 기대 살아온 사람이다.
어머니가 없으면 아무것도 하지 못하고 어머니의
의견이 자신의 의견이 되는, 일심동체 같은 부분
이 있다. 엄마가 아들 돌보듯이 대해야 한다.

❹ 결혼선과 닿는 선이 두뇌선, 생명선을 가로지른다
↳ 결혼에 어울리지 않는 남편

애초에 남편은 결혼에 어울리지 않기 때문에 아무리 노력해서 관계
를 돌려보려고 해도 잘되지 않는다. 결혼 생활을 오래 지속하기에
어려움이 있다. 남편이 아닌 시가족과 더 잘 지내는
경우도 있다.

어머님,
어서 오세요.

6 결혼에 적합한 손금

여성 편

검지와 중지 사이로 들어가는 감정선이나 적당히 곧게 뻗은 두뇌선
이 있는 여성은 가족에게 헌신적이고 남편의 운도 올려준다. 자식
운은 소지를 체크하자.

② 소지가 길고 안정감이
있다.

③ 감정선이 검지와 중지
사이로 들어간다.

④ 두뇌선이 약지 아래쪽으로
적당히 곧게 뻗어 있다.

① 손바닥에 세로로
주름이 많다.

❶ 손바닥에 세로로 주름이 많다
↳ **남편의 기를 살리는 아내**

운기가 강한 별 아래에서 태어났기 때문에 결혼을
하면 남편은 아내의 힘을 얻을 수 있다. 사회에서
승승장구하고 출세한다. 건강도 문제가 없어서 둘
이 좋은 가정을 꾸리게 된다.

❷ 소지가 길고 안정감이 있다
↳ **자식복이 있다**

생식 기능이 건강해 자식복이 있다. 아이를 충분
히 양육할 수 있을 만큼 건강한 몸을 가졌다. 매력
도 넘치기 때문에 부부 생활도 문제가 없다.

❸ 감정선이 검지와 중지 사이로 들어간다
↳ **헌신적인 아내**

아내로서 남편을 위해 헌신적으로 내조하는 사람
이다. 상대방을 배려하면서 생활한다. 자신의 취미
생활이나 친구를 만나 노는 것도 중요하지만 부부
끼리 시간을 더 가지려고 노력한다.

❹ 두뇌선이 적당히 곧게 뻗어 있다
↳ **상식적인 아내**

현모양처라는 말이 정말 잘 어울리는, 기품 있고 눈
치가 빠른 사람이다. 밝고 힘이 넘치며 유머 감각이
있어 남편을 좋은 방향으로 이끈다. 가족들도 하나부
터 열까지 세심하게 돌보고, 육아에도 적극적이라 야
무진 아이로 키운다.

자잘한 결혼선이 여러 개 나 있는 여성은 결혼을 해도 남편 말고 다른 사람을 좋아하게 되거나 외도를 반복한다. 결혼하면 싸움이 잦아지는 경향이 있는지도 손금으로 체크하자.

1 결혼선이 금성대를
가로지른다.

2 운명선이 감정선에
막혔다.

3 자잘한 결혼선이 많다.

4 손이 무척 얇다.

❶ 결혼선이 금성대를 가로지른다
↳ **감정에 휩쓸리는 경향이 있다**

감정적으로 히스테리를 부리기 쉽고, 마음에 들지 않는 일이 있으면 큰 소리를 내며 난리를 친다. 평소에 얌전할 때와는 완전히 다른 사람이 되어 주위 사람들이 깜짝 놀랄 것이다. 성생활이 만족스러우면 상황이 개선된다.

❷ 운명선이 감정선에 막혔다
↳ **남편의 재능을 짓누른다**

선명한 운명선이 감정선에 막혀 있다면 에너지가 너무 강해서 항상 남편에게 미주알고주알 불평불만을 늘어놓는 타입. 맞벌이를 하면 남편의 운도 안정되어 업무 쪽으로도 성과를 올릴 수 있다.

❸ 자잘한 결혼선이 많다
↳ **외도가 많아진다**

오늘도 늦어. 데워서 먹어♡.

결혼을 해도 마음이 가정에 없고 화려하게 살고 싶다는 마음에 항상 격렬한 사랑을 갈구한다. 가만히 있는 경우가 드물어서 가족들도 다 알아차릴 정도로 밖으로 다니기 때문에 자주 다툴 것이다.

❹ 손이 무척 얇다
↳ **자기중심적인 아내**

아직 부족해!

자기 생각에 고집이 있어 남의 말을 듣지 않는 타입. 애정을 주지 않고 늘 받기만을 원한다. 애정을 줘도 당연하게 생각하며 더 큰 사랑을 요구하는 부분이 있다.

궁합이 좋은 손금
부족한 부분을 채워줄 수 있는 사람

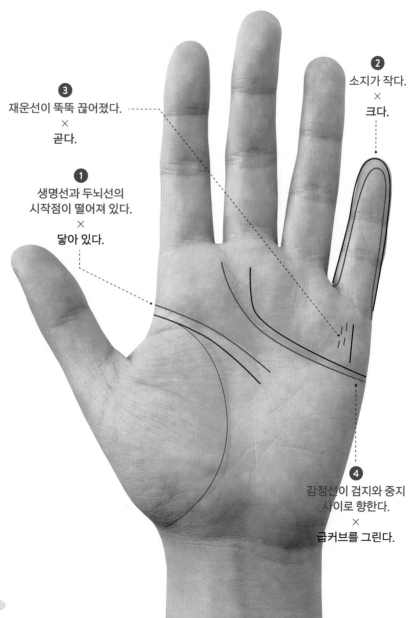

❸ 재운선이 뚝뚝 끊어졌다.
×
곧다.

❶ 생명선과 두뇌선의
시작점이 떨어져 있다.
×
닿아 있다.

❷ 소지가 작다.
×
크다.

❹ 감정선이 검지와 중지
사이로 향한다.
×
급커브를 그린다.

손금이 닮지 않아 개성을 서로 채워줄 수 있는 사람이 바로 이상적인 파트너다.

❶ 생명선과 두뇌선의 시작점이 떨어져 있는 사람 × 닿아 있는 사람

생명선과 두뇌선 시작점이 떨어져 있는 사람은 생각을 바로 행동으로 옮긴다. 반면 같은 시작점에서 출발하는 사람은 곰곰이 생각하는 타입이다. 이 두 사람이 같이 있으면 한쪽은 큰 목표를 품고 매진하고, 다른 한쪽이 이를 서포트하기에 큰 성공을 거둘 수 있다.

❷ 소지가 작은 사람 × 큰 사람

소지는 자식운이 나타나는 손가락인데, 자손의 번영이나 자식과 어떤 관계를 맺어야 하는지 알 수 있다. 소지가 작은 사람은 성적인 기능이 약하고 소극적인 사람이다. 성적인 기능이 발달한 소지가 큰 사람과 사귀면 만족스러운 성생활을 즐길 수 있다. 이 조합이 만나면 자식복이 생기고 자식운도 좋아지며 행복해진다.

❸ 재운선이 뚝뚝 끊어진 사람 × 곧은 사람

재운선이 뚝뚝 끊어진 사람은 돈이 들어오는 족족 쓰는 낭비벽이 있다. 재운선이 곧게 뻗어 재물운이 좋은 사람을 만나야 한다. 재운선이 곧은 사람은 계획을 세워 저금을 잘한다. 장래도 안정적이어서 돈 때문에 곤란한 일은 없을 것이다.

❹ 감정선이 검지와 중지 사이로 향한 사람 × 급커브를 그리는 사람

감정선이 급커브를 그리는 사람은 쉽게 열을 올렸다 쉽게 식는 사람이다. 항상 연애를 하고 있기 때문에 배우자가 있어도 외도를 하는 일이 많고, 이성 관계가 화려해지기 쉽다. 감정선이 검지와 중지 사이로 들어가는 사람은 바람기가 있는 타입에게도 정신적인 안정을 주고 자유를 주기에 사이좋은 커플이 된다.

4 금성대
연애 패턴과 육체적인 관계

금성대 보는 법

금성대는 검지와 중지 사이에서 약지와 소지 사이를 연결하듯이 난 곡선이다. 이 선은 누구에게나 나타나는 선이 아니고, 나타나더라도 중간에 끊어진 경우가 대부분이다.

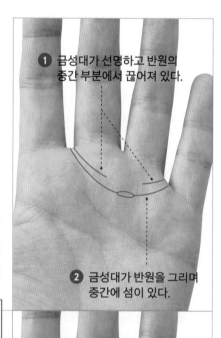

❶ 금성대가 선명하고 반원의 중간 부분에서 끊어져 있다.

❷ 금성대가 반원을 그리며 중간에 섬이 있다.

금성대로 알 수 있는 것

▶ 육체적인 매력의 유무
▶ 이성과 사귀는 법
▶ 성욕의 정도

❸ 검지와 중지 사이에서만 금성대가 나와 있다.

❹ 검정과 중지에서 나온 선과 소지와 약지 사이에서 나온 선이 이중으로 되어 있다.

> 금성대가 나타난 장소나 모양으로 연애나
> 성에 대한 관심이 높은지 알 수 있다.

❶ 중간에 끊어져 있다면 이성에게 인기가 있다

성적인 매력이 넘쳐서 섹시함으로 이성을 끌어당기는 사람이다. 성을 중요하게 여기기 때문에 이성적으로 생각해서 충동적으로 움직이지 않는다. 잠자리는 가장 평범한 방법으로 시간을 들여 즐기면 더 깊은 기쁨을 얻을 수 있을 것이다. 보통은 한 사람과 사귀지만, 상대방이 바람을 피우면 복수하는 면도 있다.

❷ 섬이 있으면 폭풍 같은 사랑으로 인생이 확 바뀐다

섬은 격렬한 사랑으로 인생이 바뀐다는 것을 나타낸다. 해바라기처럼 상대만 바라보는 사람인데, 장애물에 막히는 경우가 대부분이다. 문제를 극복하고 성취하기도 하지만, 대부분은 결실을 맺지 못하기 때문에 정신적 충격이 클 것이다. 아픈 경험을 예술적인 일에 살리면 좋다.

❸ 검지와 중지 사이에서만 선이 나와 있다면 일편단심인 사람

밝으면서도 성적인 매력을 겸비해 이성에게 호감을 주는 사람이다. 자기 일은 스스로 하기에 남에게 기대거나 부탁을 잘 하지 않아 좋은 관계를 오래 유지할 수 있다. 연애에만 몰두하는 일도 없고 정도가 있기 때문에 트러블이 생기지 않는다. 바람을 피우지 않아서 차곡차곡 사랑을 키워 나간다.

❹ 양쪽에서 선이 겹치지 않는다면 사랑을 하며 성장하는 사람

특이한 금성대 모양이다. 이 선을 가진 사람은 열심히 노력하는 사람으로 큰 목표를 향해 활약한다는 것을 나타낸다. 자신을 성장하게 만들어주는 이성과 인연이 있고, 여러 면에서 자극을 받고 도움을 받는다. 또한 스승과 상사 복도 있다. 사람을 꿰뚫는 눈이 예리하고 자신과 감성이 맞지 않는 사람과는 아예 얽히지 않는다.

기타 선 177

금성대

연애 패턴과 육체적인 관계

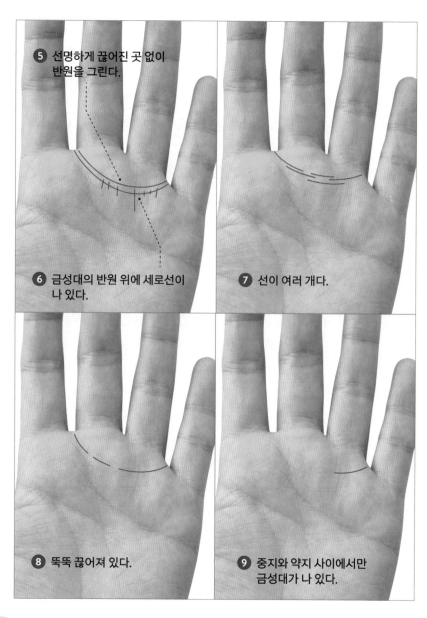

⑤ 선명하게 끊어진 곳 없이 반원을 그린다.

⑥ 금성대의 반원 위에 세로선이 나 있다.

⑦ 선이 여러 개다.

⑧ 뚝뚝 끊어져 있다.

⑨ 중지와 약지 사이에서만 금성대가 나 있다.

❺ 끊어지지 않은 금성대는 강한 성욕을 나타낸다

성적인 관심이 강하고 본능에 충실하다. 사회적 상식을 신경 쓰지 않아 여러 이성과 동시에 사귀는 일도 많을 것이다. 그때그때 기분에 따라 관계를 맺어 연애 트러블이 끊이지 않는다. 한 상대를 골라 예의를 갖추고 행동하자.

❻ 금성대에 세로선이 있다면 성욕이 전부인 사람

성욕이 상당히 강한 손금이다. 잠자리도 격렬해서 파트너와 궁합이 좋다면 문제 없지만, 비슷한 상대를 만나기 어렵기 때문에 욕구 불만이 될 가능성도 적지 않다. 그렇다고 해서 충동적으로 행동하면 큰 문제를 일으킬 수 있으니 조심하자.

❼ 여러 개가 있다면 이성 관계에 느슨한 사람

이성 관계에 느슨한 경향이 있어서 한 사람과 사귀는 것으로는 만족하지 못하고 여러 사람과 즐기고 싶은 마음에 항상 여러 이성에게 다리를 걸친다. 그때그때 분위기가 좋고 흥이 오르면 잠자리를 즐기는데 이것이 삶의 에너지다.

❽ 뚝뚝 끊어져 있다면 이성을 바꿔가며 만난다

성에 관심이 많아서 이성을 바꿔가며 만나는 경향이 있다. 결혼도 어렵지만 결혼을 해도 외도를 반복하기 쉽다. 욕구가 만족되지 않으면 쉽게 흥분하고 인상이 험해진다. 성에 대해 공부하거나 그림이나 문장으로 표현하면 점점 안정을 찾게 된다.

❾ 중지와 약지 사이에서만 선이 나 있는 사람은 한량

일하기 싫고 노는 것만 좋아하는 사람으로 꿈은 있지만 사회에 적응을 잘하지 못하는 타입이다. 금성대에서 태양선이 멈추지 않고 뚫고 나간다는 것은 이성 트러블로 큰돈을 잃기 쉽다는 것을 암시한다. 밖으로 나가 태양을 쐬고 사회에서 활약해 운과 에너지를 올려보자.

5 향상선
인내와 지속력 보기

향상선으로 알 수 있는 것

▶ 인내력, 지속력의 정도
▶ 목표를 갖고 노력할 수 있는가
▶ 수험이나 취업을 이뤄낼 수 있는가

향상선 보는 법

향상선은 생명선에서 검지 방향으로 뻗는 선이다. 선의 시작점이 운이 열리는 나이를 나타내기 때문에 생명선의 유년법과 대조하면 노력이 필요한 시기를 알 수 있다.

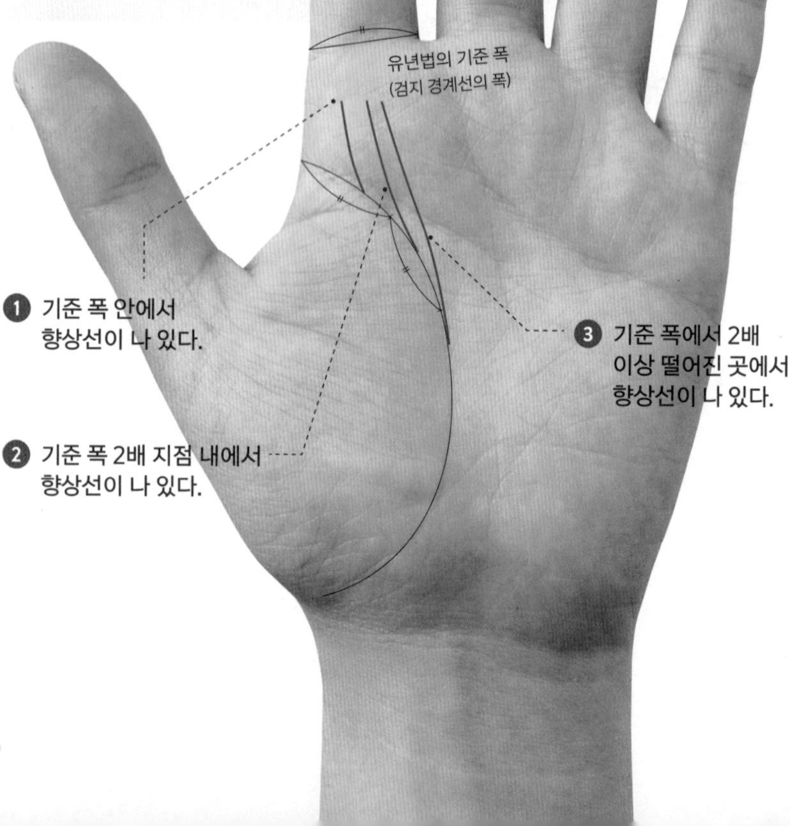

유년법의 기준 폭
(검지 경계선의 폭)

❶ 기준 폭 안에서
향상선이 나 있다.

❷ 기준 폭 2배 지점 내에서
향상선이 나 있다.

❸ 기준 폭에서 2배
이상 떨어진 곳에서
향상선이 나 있다.

> 생명선에서 검지 방향으로 뻗는 선은
> 노력으로 운이 열린다는 것을 나타낸다.

❶ 기준 폭 안쪽에 나 있다면 수험 공부를 열심히 하는 사람

생명선의 유년법(66쪽 참고)으로 봤을 때 검지의 기준 폭(경계선 폭) 안에서 향상선이 나타났다면 15세 이후부터 성인이 될 무렵까지 노력한다는 것을 나타낸다. 이 나이는 특히 사회와 연관된 중요한 시기이기도 해서 취업이나 수험 등 목표를 향해 노력한다는 사실을 알 수 있다.

향상선은 옅어도 노력을 하고 있음을 나타낸다. 선이 짙어질수록 그 노력이 엄청난 것이며, 좋은 형태로 인생에 영향을 주게 된다. 노력하면 할수록 선이 짙어지고 운도 더 크게 열릴 것이다.

❷ 기준 폭 2배 지점 내에서 향상선이 나 있다면,
20대에 분발하는 사람

유년법으로는 20대를 나타낸다. 이 손금을 가진 사람은 20대에 인생의 큰 목표를 발견해서 노력하게 된다. 장래에 하고 싶은 일도 보이기 시작한다.

향상선은 길면 길수록 결의가 강해지고 대부분 노력이 결실을 맺고 취업으로 이어진다. 결과가 바로 나타나지 않아도 30대, 40대가 됐을 때 반드시 좋은 결과로 나타난다. 양손에 거의 비슷한 장소에서 향상선이 나타났다면, 성공이 더 확실해진다.

❸ 2배 이상 떨어진 곳에서 나 있다면 대기만성형

30대 이후에 노력한다는 것을 나타낸다. 오랫동안 마음에 품고 있던 꿈을 포기하지 않고 목표를 향해 노력한다. 노력을 한 만큼 인생은 좋은 방향으로 흘러갈 것이다. 이 선은 연구자에게 많이 보이는데, 한 가지 전문 분야를 연구해서 좋은 결과를 얻을 수 있다. 착실하게 하루하루 노력하는 것도 후에 상당히 큰 업적으로 인정받을 수 있다.

6 개운선
운이 트이고 노력이 결실을 맺는다

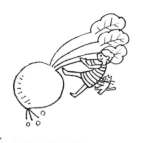

┌─ 개운선으로 알 수 있는 것 ─┐

▶ 운이 열리는 시기와 나이

▶ 지지자가 나타나는가

▶ 어떤 성공을 이루는가

개운선 보는 법

생명선에서 중지, 약지 방향으로 뻗은 선
을 개운선이라고 한다. 개운선은 결혼이
나 승진, 독립, 개업 등에서 운이 열리는
것을 나타내는데, 유년법과 맞춰서 시기
를 알 수 있다.

① 생명선에서 짧은 개운선이
나 있다.

② 생명선에서 긴 개운선이
나 있다.

③ 생명선 안쪽에서 개운선이
나 있다.

④ 생명선에서 약지 방향으로
개운선이 나 있다.

⑤ 생명선의 40세 이후
지점에서 개운선이 나 있다.

> 결혼이나 승진, 독립, 개업, 집 구입 등으로
> 운이 열리거나 그 시기를 나타낸다.

1 짧은 개운선은 운이 작게 열린다는 뜻

생명선에서 짧은 개운선이 나 있다면 개운선의 시작점 나이에 운이 열린다는 뜻이다. 연애, 결혼, 출산, 독립 등 좋은 일이 일어날 가능성이 있다.

2 긴 개운선은 운이 크게 열린다는 뜻

생명선에서 긴 개운선이 나 있다면 그 시작점 나이에 인생을 바꿀 만한 큰 운이 열린다는 뜻이다. 운이 열린 후에는 살기가 더 쉬워지지만, 한편으로는 바빠지는 경우가 대부분이라 몸 관리를 잘해서 무리하지 않도록 하자.

3 생명선 안쪽에서 시작한다면 가까운 사람의 도움으로 운이 열린다

가까운 사람의 도움을 받고 운이 열리는 손금이다. 부모의 도움이 대부분인데, 성인이 된 후에도 학비나 생활비 등을 지원받는다. 돈을 다 쓰면 고생을 하기 때문에 부모에게 감사하며 자립하려는 노력을 하자.

4 약지 방향으로 나 있다면 노력으로 명성을 손에 넣는 손금

노력한 결과, 기회를 얻어 크게 운이 열리는 사람이다. 명성이나 명예를 손에 넣고 유명인이 되어 눈에 띄는 존재가 되는 일도 적지 않다. 특기를 살려 꿈을 갖고 살다 보면 더 좋은 인생을 열 수 있을 것이다.

5 생명선 중심에서 아래쪽은 40세 이후에 운이 열린다

생명선의 유년법(66쪽 참고)에서 40세 이후인 시점에서 선이 나 있는 개운선은 노력으로 운이 열린다는 것을 나타낸다. 또한 개운선은 중지로 뻗으면 운명선(112쪽 참고), 약지로 향하면 태양선(132쪽 참고)으로 간주한다.

7 장해선
트러블을 암시하는 선

장해선으로 알 수 있는 것

▶ 트러블 암시
▶ 트러블이 일어나는 시기
▶ 트러블 내용

장해선 보는 법

장해선은 말 그대로 장애를 암시하는 선
이다. 생명선에 직각으로 들어가거나 완
만한 커브를 그리며 나타난다. 생명선뿐
만 아니라 운명선에도 들어간다.

❶ 생명선을 완만한 U자
모양으로 커브를 그리며
가로지른다.

❷ 생명선을 직각으로
가로지른다.

어떠한 장애를 나타내는 선.
병이나 부상 등 트러블을 예고한다.

① U자형 커브를 그리며 가로지른다면 운이 멈춰 있다는 것을 암시

생명선의 유년법(66쪽 참고)으로 보면, U자형 장해선은 그 유년의 나이에 운이 상당히 정체되어 있다는 것을 나타낸다. 생명에 지장을 주는 병이나 사고 등이 생기는 일이 많다.

U자형의 경우, 트러블이 한 번이 아니라 여러 번 이어지기도 한다. 액막이를 하거나 경계심을 늦추지 말고 행동하면 헤쳐나갈 수 있다.

② 직각으로 가로지르는 장해선은 큰 지출이나 병을 암시

장해선이 생명선에 직각으로 나 있다면, 그 유년의 나이에 운을 크게 어지럽히는 트러블이 발생한다는 것을 나타낸다.

직각선이 난 곳을 유년법으로 따져 시기를 알 수 있다. 그 시기에는 갑자기 큰 지출이 있거나 이혼하거나 병에 걸리는 등 심각한 상황이 생기는 경우가 많다. 강한 의지를 품으면 타인에게 휩쓸리지 않고 운이 올라갈 것이다.

잠깐! 장해선 구별법

칼에 베인 흉터처럼 짧고 얕은 선

장해선의 특징은 5mm 이하로 옅고 얇은 선이며 단독으로 나타난다는 점이다. 선의 흐름이 부자연스럽고 생명선이나 운명선에 거의 직각으로 들어간다. 연애선(152쪽 참고)과 닮았는데, 커브는 U자를 거꾸로 한 모양이라 구별할 수 있다.

손금의 선은 모양 자체에 의미가 있다. 하지만 장해선은 그 선 자체에는 의미가 없고 강의 흐름을 막는 돌처럼 에너지의 흐름을 막는 작용으로 운을 떨어뜨린다.

장해선
연애선

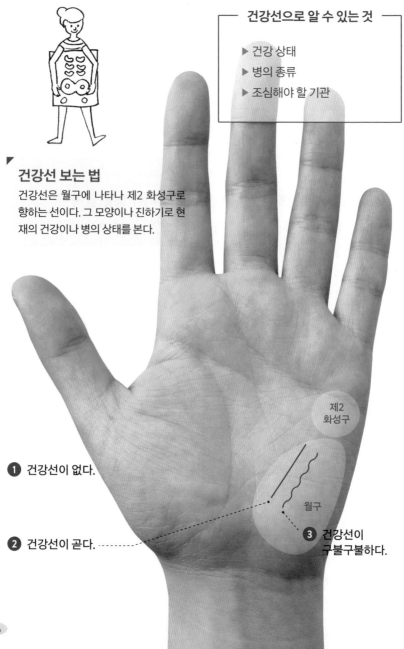

건강선
건강 상태와 병

건강선으로 알 수 있는 것

▶ 건강 상태
▶ 병의 종류
▶ 조심해야 할 기관

건강선 보는 법

건강선은 월구에 나타나 제2 화성구로 향하는 선이다. 그 모양이나 진하기로 현재의 건강이나 병의 상태를 본다.

제2 화성구

월구

❶ 건강선이 없다.

❷ 건강선이 곧다.

❸ 건강선이 구불구불하다.

> 건강선은 몸의 피로나 병을 암시하는 선.
> 모양을 보면 조심해야 할 부분을 알 수 있다.

❶ 건강선이 없다는 것은 건강하다는 증거

건강선이 없으면 현재 건강하다는 뜻이다. 원래 건강선은 없어야 좋기 때문에 건강선이 없으면 지금 당장은 병에 걸리지 않는다. 생명선에 섬이나 흐트러진 부분이 없으면 더 확실하다.

하지만 생명선에 섬이나 흐트러진 부분이 보일 때는 앞으로 건강에 문제가 생길 가능성이 있다. 증상이 없을 때부터 일찍 자고 일어나 잘 챙겨 먹는 등, 규칙적인 생활에 신경을 쓰면 병에 걸리지 않고 지나갈 수 있다.

❷ 곧게 뻗어 있다면 건강하지만 색이 좋지 않을 때는 주의!

건강선이 곧게 뻗어 있다면 건강 상태가 보통이며 특별히 문제는 없다. 무리만 하지 않으면 건강을 유지할 수 있다.

하지만 건강선이 길게 뻗어 생명선을 뚫고 지나가려고 하면 심장에 약한 부분이 생길 수 있다. 이러한 변화를 발견했다면 증상이 나타나지 않았더라도 정기적으로 건강 검진을 받는 것이 좋다. 또한 아무리 건강선이 곧게 나 있더라도 주위에 비해 선의 빛깔이 나빠졌으면 컨디션이 망가진다는 암시다. 컨디션을 잘 관리하자.

❸ 구불구불한 선은 몸이 약하다는 것을 암시

건강선이 곧지 않고 구불구불하다면 체질이 허약하기 때문에 걸핏하면 병에 걸린다는 것을 나타낸다. 특히 위장 등 소화 기관이 약해서 컨디션이 좋지 않으면 배나 장에 탈이 나기 쉽다. 또한 머리의 혈관이나 신경 등에 트러블이 생길 수 있다. 웬만하면 스트레스가 적은 환경 속에서 생활하는 것이 가장 좋다. 운동도 중요하지만 체력적으로 과도한 스포츠는 피하는 편이 좋다.

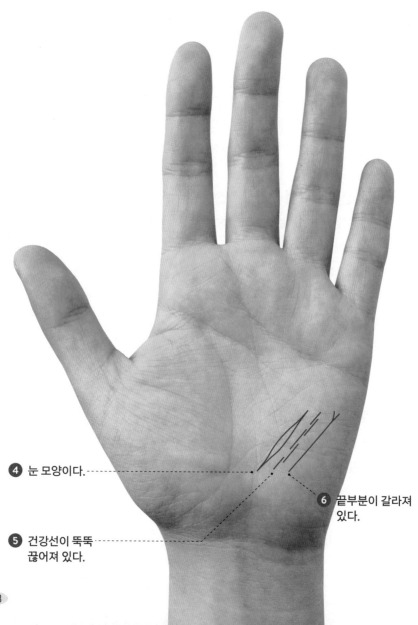

④ 눈 모양이다.

⑤ 건강선이 뚝뚝 끊어져 있다.

⑥ 끝부분이 갈라져 있다.

④ 건강선이 눈 모양인 사람은 호흡기계에 주의

건강선 중간이 눈 모양으로 되어 있다면 호흡기계가 약하다는 뜻이다. 어릴 때부터 천식 증상이 있는 경우가 많다. 감기에 걸리면 초기에 바로 기침이 나거나 목이 아프기 때문에 평소에 양치를 열심히 하고 마스크를 쓰는 등 건강에 유의하자.

눈 모양이 이어져 사슬을 이룬다면 폐와 더불어 간에도 손상이 있을 가능성이 있다. 폭음과 폭식을 하지 않도록 정기적으로 건강 검진을 받자.

⑤ 뚝뚝 끊어져 있다면 소화기계가 예민하다

건강선이 뚝뚝 끊겼다면 소화기계가 약하다는 뜻이다. 건강선이 얇으면 평소에는 큰 변화가 없고 문제는 없지만, 조금이라도 스트레스를 받는 상황이 되면 위가 아프고 더부룩한 증상이 나타난다.

또한 이 손금은 입이 짧고 식욕이 별로 없는 사람들에게 보인다. 식탐이 적고 체력이 없어서 끈기가 오래가지 않고 금방 싫증을 내기 쉽다. 음식을 골고루 섭취하도록 하자.

⑥ 끝부분이 갈라져 있다면 잘 지친다

건강선이 한 줄로 이어지다 두 갈래로 갈라진다면, 몸이 약해서 금방 지친다는 뜻이다. 평소 생활에서도 너무 무리하지 않는 것이 중요하다. 특히 하나였던 건강선이 이 모양으로 바뀌었을 때는 컨디션이 망가졌다고 추측할 수 있다.

건강선이 한 줄로 이어지다 여러 갈래로 나뉜다면, 환경이 바뀌기 쉽다는 것을 나타낸다. 인생에서 변화가 많아 이사나 이직을 자주 할 것이다. 육체적이나 정신적으로도 적응하기까지 시간이 걸리므로 조바심을 내지 말고 천천히 익숙해지도록 하자.

기타 선

'기타 선'을 총정리하는 시간이다. 사진의 손금을 보고 질문에 답하면 된다. 오른쪽 해답을 가리고 실력을 시험해보자. 192쪽 감정도 살펴보자.

C의 손금

프로필 여성. 44세. 영어 회화 및 음악 교실 강사. 남편과 딸, 아들까지 해서 4인 가족. 장기간 근무했던 음악 강사 일을 그만두고 영어 회화 교실과 음악 교실을 개강했다.

Q1. ⓐ 선의 명칭은?

Q2. ⓑ 선의 명칭은?

Q3. ⓒ 선의 명칭은?

Q4. ⓓ 선의 명칭은?

Q5. ⓔ 선의 명칭은?

Q6. ⓕ 구의 명칭은?

Q7. ⓖ 구의 명칭은?

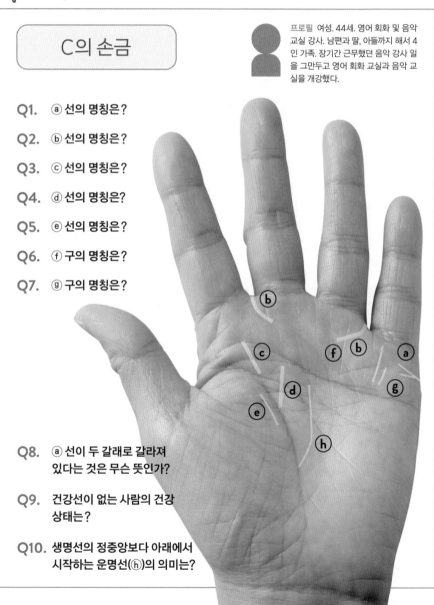

Q8. ⓐ 선이 두 갈래로 갈라져 있다는 것은 무슨 뜻인가?

Q9. 건강선이 없는 사람의 건강 상태는?

Q10. 생명선의 정중앙보다 아래에서 시작하는 운명선(ⓗ)의 의미는?

A1.	결혼선		**A6.**	태양구
A2.	금성대		**A7.**	수성구
A3.	향상선		**A8.**	결혼 후에 다른 곳으로 발령을 받는 등 떨어져서 살 수 있다.
A4.	개운선		**A9.**	건강하다는 뜻.
A5.	영향선		**A10.**	인내심이 강해서 희망을 품고 노력하는 사람. 차근차근 노력해서 말년에는 큰 성공을 거둔다.

금성대
약지, 소지와 검지, 중지 사이에서 선명히 나 있다.

향상선
생명선에서 검지를 향해 뻗는다.

세 번째 마디가 통통하게 살이 올라 있다.

재운선
수성구에 선명한 재운선이 2개 나 있다.

감정선
손바닥을 가로지를 정도로 길어서 목성구까지 뻗어 있다.

수성구

결혼선
두 갈래로 갈라져 있다.

태양구

영향선
생명선 안쪽으로 나 있다.

개운선
생명선에서 중지를 향해 뻗어 있다.

운명선
생명선 정중앙보다 아래에서 시작한다.

두뇌선
짧은 선과 긴 선이 하나씩 나 있다. 시작점은 생명선과 1cm 이내에 붙어 있다.

생명선
많이 튀어나오지 않았다.

건강선
없다.

미야자와 미치의 감정 [C의 손금]

종합운

기본 가로 삼대선이 선명하게 들어가 있는 것은 확실한 의지를 가진 사람이라는 뜻이다. 생명선과 두뇌선이 1cm 내에 붙어 있기 때문에 남을 믿는 마음이 강하고 실패하지 않도록 신중하게 인생을 보내려고 한다. 타인과 잘 어울리지는 못하지만 배려심이 강해서 몇몇 사람과 깊게 사귄다.

재능·사업운

생명선의 정중앙보다 아래에서 시작하는 운명선(기점은 유년법으로 43세 되는 지점)은 범상치 않은 노력으로 성공을 휘어잡는다는 뜻이다. 두뇌선은 2개 나 있다. 짧은 선은 번뜩이는 아이디어를 가졌으며 바로 행동으로 옮기는 타입이고, 긴 선은 심사숙고한 다음에 행동한다는 뜻이다. 두 가지 면을 다 가지고 있다. 금성대가 선명하게 나 있다는 것은 예술 방면에도 관심을 가지고 감성도 풍부하며 재능도 타고났다는 뜻이다.

연애·결혼운

감정선이 손바닥을 가로지를 정도로 길어서 목성구까지 뻗어 있는 것은 해바라기처럼 한 사람만을 바라보는 타입이다. 상대방을 너무 좋아해서 항상 사소한 일이라도 상대방의 행동을 알고 싶어 한다. 결혼선은 한 선으로 시작했지만, 마지막에 갈라져 있기 때문에 다른 곳으로 발령을 받는 등 부부가 떨어져서 지낸다는 것을 암시한다.

재물운

수성구에 선명하게 재운선이 2개 나 있기 때문에 현재 돈은 두 군데에서 안정적으로 들어온다는 것을 뜻한다. 검지와 중지의 세 번째 마디가 통통하게 올라와 있는 것을 보면 재물운이 있어서 돈 걱정은 하지 않을 것이다.

건강운

생명선이 많이 튀어나오지 않았으므로 크게 무리를 하면 안 되는 몸이라는 뜻이다. 소지가 약지의 첫 마디보다 짧기 때문에 허리에 피로가 생기기 쉽다.

5장

손과 손가락 보기

손바닥에 있는 선뿐만 아니라 손 자체의 모양이나 질감, 빛깔, 손가락이나 손톱의 특징을 보면 성격이나 행동부터 사회성, 건강 상태까지 알 수 있다. 손이나 손가락에서 받는 인상은 손금을 볼 때 중요한 데이터가 된다.

손의 모양과 질감 보는 법

손의 모양은 크기, 두께, 질감 등이 다양해서 몸과의 균형으로 판단하거나 길이와 폭을 비교하면서 본다.

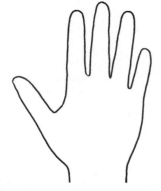

❶ 큰 손

몸과의 밸런스를 보고 큰지 판단한다. 키가 비슷한 동성과 손을 맞대어 비교해 보자.

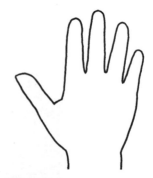

❷ 작은 손

몸과의 밸런스를 보고 작은지 판단한다. 키가 비슷한 동성과 손을 맞대어 비교해 보자.

❸ 폭이 넓다

손바닥의 가로 폭이 세로 폭보다 넓다.

❹ 폭이 좁다

손바닥의 가로 폭이 세로 폭보다 좁다.

> 크기나 두께, 질감으로 행동 유형과
> 기질을 알 수 있다.

① 손이 큰 사람은 성실하고 배려를 잘하며 신뢰를 얻는 사람

무슨 행동을 할 때도 견실하고 신중하며 세심하게 배려하는 사람이다. 스스로 결정을 내리기는 어려워하지만, 타인에게 지시받은 일은 꼼꼼하게 잘한다.

손이 단단한 사람은 규칙적으로 생활해서 타인에게 신뢰를 얻는다. 반대로 손이 부드러우면 남에게 잘 기대고 일하는 것을 싫어해서 편하게 살고 싶어 한다.

② 손이 작은 사람은 대담하며 지도자 기질을 가지고 있다

자잘한 일은 신경 쓰지 않고 행동파에 대담하며 늘 앞을 보며 행동하는 사람이다. 남의 의견에 귀를 기울이지 않고 자신이 옳다고 생각하는 일을 행동한다. 불가능을 가능으로 만드는 힘이 있어서 리더에 적합하다.

손이 단단한 사람은 재능을 발휘해서 사회적으로도 활약한다. 부드럽다면 이기적인 면이 있고 무모한 일을 하려고 한다.

③ 폭이 넓은 손은 타고난 포용력으로 사회적으로 활동한다

마음이 넓고 늘 안정되어 있어 생활에도 여유가 있다. 포용력이 있고 소중한 사람을 든든하게 지킨다. 모든 사람에게 친절하기 때문에 주변의 신뢰를 얻는다.

그러나 변화에 익숙하지 않아서 현재 상황을 유지하려는 면을 갖고 있다.

④ 폭이 좁은 손은 머리 회전이 빠르고 기분도 자주 바뀐다

그때그때 기분이 자주 바뀌고 늘 신경과민 상태다. 자기중심적이면서도 눈치를 본다. 머리 회전이 빠르고 말을 잘해 사람을 잘 사귀는 것처럼 보인다.

그러나 체력적으로 무리를 하지 않도록 평소에 컨디션을 관리하자.

❺ 두꺼운 손
손바닥은 물론 손가락에도 살이 있어
서 전체적으로 두툼하게 보인다.

❻ 얇은 손
손바닥도 손가락에도 살이 거의 없고
손 전체가 얇으며 차가운 느낌이 든다.

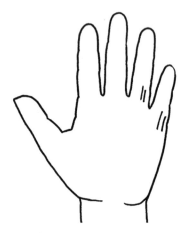

❼ 다부진 손
살집이 있고 단단하다.

❽ 보들보들한 손
손바닥이 부드럽고 매끈하다. 마디도
부드러워서 잘 휜다.

❺ 손이 두꺼운 사람은 정이 깊으며 이익을 따지지 않고 행동한다

마음이 따뜻하고 자신을 필요로 하는 사람에게 이익을 따지지 않고 최선을 다한다. 가끔 자신의 힘 이상의 일에 도전해서 실패하고 고생을 할 때도 있다.

기본적으로 야무진 사람이지만, 몰아붙이는 사람에게 약해서 중요한 순간에 꺾이는 일이 있다. 마음을 단단히 먹고 대처하자.

❻ 손이 얇은 사람은 사소한 일로 고민하고 남을 속박하려 한다

신경이 예민해서 사소한 일에도 동요하는 경향이 있다. 인간관계에도 지쳐서 최소한의 사람에게만 마음을 연다. 좋아하는 사람이 생기면 상대방의 모든 것을 알고 싶어 해서 무심결에 속박하려 한다.

임기응변에 서투르다. 어딘가 갈 때도 만반의 준비를 하지 않으면 직성이 풀리지 않기 때문에 주변 사람들이 불편함을 느낄 수도 있다.

❼ 다부진 손은 정력적이지만 고집이 센 면도 있다

활력이 넘치고 집중력과 끈기가 있어서 무슨 일이든 마지막까지 포기하지 않는다. 하지만 손이 너무 딱딱하면 고집이 겉으로 드러나 남의 이야기를 듣지 않고 행동하는 부분이 있다. 반면 중요한 순간에 고민에 빠져 결단을 미루는 경향이 있다.

순진한 부분이 있고 특히 이성에게 약해서 때로는 사기를 당하므로 주의할 필요가 있다.

❽ 보들보들한 손은 마음이 유연하고 감수성도 풍부하다

인간관계가 원만한 사람이다. 남에게 잘 기대지 않고 무슨 일이든 다 해주려는 마음이 있기 때문에 자연스레 주위 사람들의 신뢰를 얻는다. 항상 열린 마음에 감성이 풍부하기 때문에 이해심이 넓다.

그러나 살이 너무 부드러우면 이기적인 면모가 있기 때문에 기분에 따라 행동하지 않도록 조심하자.

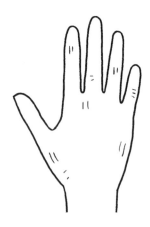

❾ 건조한 손

전체적으로 유분이 적고 메마른 느낌
의 손. 손에 땀을 흘리는 일도 적고 자
잘한 주름이 눈에 띈다.

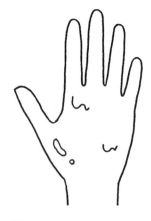

❿ 기름기가 있는 손

전체적으로 유분이 있고 촉촉한 느낌
의 손. 손에 땀을 흘리는 일이 많고 자
잘한 주름이 눈에 띄지 않는다.

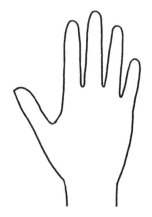

⓫ 하얀 손

전체적으로 빛깔이 흰 손. 햇볕에 그을
려도 까매지지 않고 불그스름해졌다가
다시 흰색으로 돌아오는 타입.

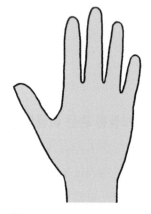

⓬ 거뭇거뭇한 손

전체적으로 빛깔이 거뭇거뭇한 손. 햇
볕에 그을리면 더 까매지고 색이 잘 빠
지지 않는다.

❾ 건조한 손은 호기심이 왕성하고 사교적인 사람

사소한 일에 신경 쓰지 않고 털털한 성격이다. 안 좋은 일이 있어도 잘 털고 일어나고 긍정적으로 대처하려고 한다. 사교적이어서 모든 사람에게 적극적으로 다가가려 한다.

호기심이 왕성해서 여러 가지 일에 흥미를 느끼지만, 금방 싫증을 낼 때도 있다. 평생 지속할 수 있는 일에 도전하는 것이 인생을 풍요롭게 만드는 비결이다.

❿ 기름기가 있는 손은 신경이 예민하고 너무 신중한 면이 있다

신경이 예민해서 사소한 일도 못 넘어가는 성격이다. 남에게 당한 일을 두고두고 기억하는 성격으로 특히 싫은 기억은 마음속에 품고 있다. 돌다리도 두드리고 건너는 사람이라 남들이 먼저 한 다음에 행동하는 편이다. 모처럼 잡은 기회를 놓칠 수도 있으니 가끔은 과감해야 한다.

좋은 파트너가 생기면 운이 확 올라갈 것이다.

⓫ 하얀 손은 자존심이 세서 깊은 인간관계를 만들기 어렵다

기본적으로 자존심이 세고 호불호가 심한 성격이다. 인맥이 넓은 데 비해 깊은 관계로 이어지지 않기 때문에 고독한 면도 있다. 중요한 순간에 해야 할 말을 못하거나 결단력이 무뎌지니 조심하자. 눈이 너무 높아서 현실과의 차이를 채우는 데도 고생하는데, 그 차이가 스트레스의 원인이 되기도 한다.

좋은 배우자와 만나는지가 인생에서 아주 중요하다.

⓬ 거뭇거뭇한 손은 마음이 열려 있으며 태양처럼 밝은 사람

사교적이고 무슨 일이든 받아들이는 성격이다. 사람과 잘 어울리기 때문에 주변 사람에게 인기가 있다. 사소한 일상에서 행복을 찾아 주변 사람을 행복하게 만든다. 태양처럼 항상 빛나고 주변 사람에게 힘을 주기 때문에 자연스레 운이 열리게 될 것이다.

다만 일상생활에서 대화나 말씨 등에 조금만 주의하면 운이 더 올라갈 것이다.

손가락의 특징으로 성격과 사회성 보기

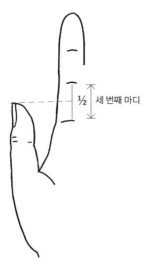

½ 세 번째 마디

❶ 엄지의 길이를 본다

검지의 세 번째 마디 중앙이 엄지의 표준적인 길이. 그 부분을 기준으로 긴지 짧은지 판단한다.

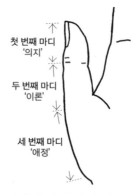

첫 번째 마디 '의지'

두 번째 마디 '이론'

세 번째 마디 '애정'

❷ 엄지의 마디 사이 길이를 본다

마디와 마디 사이가 길면 '의지', '이론', '애정' 각각의 기질이 강하다.

엄지

❸ 엄지가 바깥쪽으로 휘어 있다

엄지 끝에 힘을 줬을 때, 끝부분이 활처럼 바깥쪽으로 휜다.

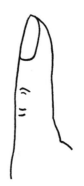

❹ 엄지가 곧다

엄지 끝부분이 휘지 않고 곧다.

> 각 손가락의 길이를 보면 능력이나
> 향상심, 예술적 재능의 유무를 알 수 있다.

❶ 엄지는 정신력이나 뇌의 활동, 애정의 깊이를 나타낸다

엄지는 생명 에너지의 세기, 능력, 의지, 애정의 깊이를 나타낸다. 엄지가 길고 단단하면 강한 정신력을 가진 사람이며 이성적이라서 사회적으로도 인정받는다. 너무 길면 고집이 세서 자신의 의견을 굽히지 않아 충돌이 잦아진다.

너무 짧으면 감정이 쉽게 제어되지 않아 신뢰를 잃고 손해 보는 일이 많아진다.

❷ 마디 사이의 길이는 애정의 깊이나 결단력을 나타낸다

손가락 끝에서 첫 번째 마디는 '의지'를 나타낸다. 길이가 길면 강한 정신력이 있고 생각을 바로 행동으로 옮기는 사람이다.

두 번째 마디는 '이론'을 나타낸다. 길면 생각이 깊고 논리적인 부분도 있다.

세 번째 마디는 '애정'을 나타낸다. 길수록 정열적이고 애정이 넘친다.

❸ 엄지 끝이 휜 사람은 유연성이 있지만 남에게 영향을 받기 쉽다

유연성이 있고 남의 의견을 잘 받아들이는 사람이다. 적응을 잘해서 이사나 이직을 자주 하고, 사람에게 쉽게 마음을 털어놓고 친구를 사귄다. 반면, 남에게 휩쓸리는 부분도 있으니 의지를 갖고 자신이 무엇을 하고 싶은지를 분명히 하자.

경제관념이 약해서 돈을 있는 대로 써버리는 경향도 있다. 계획적으로 소비하는 습관을 들이자.

❹ 엄지 끝이 휘지 않았다면 고집스러운 기질을 갖고 있다

배려가 있고 착실해서 차근차근 노력을 거듭해 성공할 것이다. 그러나 유연성이 없고 말이 많지 않으며 고집이 세서 주위 분위기를 딱딱하게 만들어 고립된다. 남의 이야기에 귀를 기울이자.

손가락의 특징으로 성격과 사회성 보기

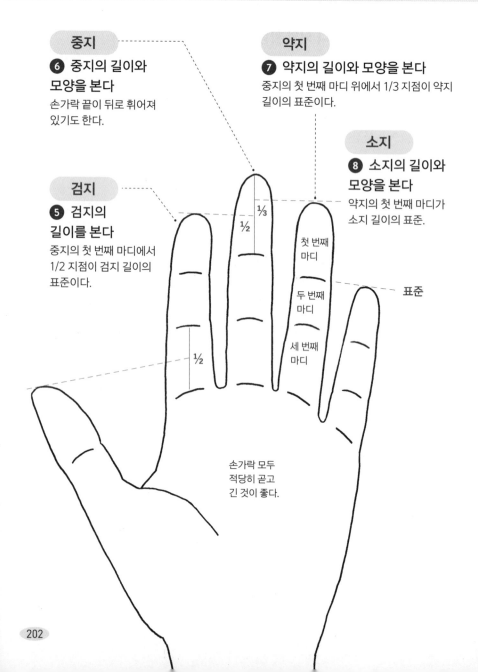

중지

❻ 중지의 길이와 모양을 본다

손가락 끝이 뒤로 휘어져 있기도 한다.

약지

❼ 약지의 길이와 모양을 본다

중지의 첫 번째 마디 위에서 1/3 지점이 약지 길이의 표준이다.

소지

❽ 소지의 길이와 모양을 본다

약지의 첫 번째 마디가 소지 길이의 표준.

검지

❺ 검지의 길이를 본다

중지의 첫 번째 마디에서 1/2 지점이 검지 길이의 표준이다.

첫 번째 마디

두 번째 마디

세 번째 마디

표준

¹⁄₃

¹⁄₂

¹⁄₂

손가락 모두 적당히 곧고 긴 것이 좋다.

❺ 검지는 야망, 향상심, 자신감, 리더십을 나타낸다

검지가 길고 단단하면 지도력이 있어서 책임감을 지닌 입장이 된다. 공평하고 모든 일에 편견이 없다. 싸워야 할 때는 한 발짝도 물러서지 않는다. 그러나 검지가 너무 길면 콧대가 높아져 주변에 사람이 모이지 않는다. 반대로 너무 짧으면 자존심만 세고 실력이 따르지 않는 경우가 많아진다.

❻ 중지는 자기 자신, 사려 깊은 마음, 고독, 우울을 나타낸다

중지가 길고 단단하면 고독한 혼자만의 시간을 즐긴다. 지적 능력이 뛰어나 연구에 몰두한다. 그러나 너무 길면 비관적이 되기 쉬워 인생이나 대인 관계로 고민하는 일이 많아지고, 이성과의 트러블도 일어나기 쉽다.

너무 짧으면 안정감이 없고 충동적으로 행동하는 일이 많다. 손가락 끝이 휘어져 있다면 자존심이 너무 센 경향이 있다.

❼ 약지는 밝은 성격, 스타성, 예술성, 명성을 나타낸다

약지가 길고 단단하면 운이 좋고 인복이 있으며 노력 이상의 성과를 얻을 수 있다. 약지의 첫 번째 마디가 다른 손가락에 비해 길다면 '미(美)'를 중시하는 사람이다. 두 번째 마디가 길면 '명성'을 얻을 수 있으며 세 번째 마디는 '재산'을 얻을 수 있다. 약지가 너무 짧으면 운에만 의존할 수는 없고, 노력에 따라 성공할 수 있다. 또한 약지가 중지 쪽으로 휘어져 있는 경우는 타인에게 기댄다는 뜻이다.

❽ 소지는 표현력, 장사 기질, 사교성, 자식운을 나타낸다

소지가 긴 사람은 커뮤니케이션 능력이 있어서 문제가 일어나도 차분하게 대처할 수 있다. 사람도 잘 사귀기 때문에 다양한 분야에서 폭넓은 인맥을 가질 것이다. 너무 길면 사람이 경솔하고 하는 일도 가볍게 여겨 신뢰를 얻지 못한다. 너무 짧으면 타인의 의견에 휘둘리지 않는 것이 중요하다.

또한 약지와 소지의 경계선 위치를 맞췄을 때 약지의 첫 번째 마디보다 소지가 길면 자식복이 있고, 짧으면 자식복이 낮아진다.

길다

머리나 가슴 부분에 주의해야 한다
'세로 5:가로 3'보다 세로가 긴 경우를 긴 손
톱으로 친다. 상반신에 병이 걸리기 쉬워 머
리나 가슴 쪽은 특히 조심해야 한다. 비염,
천식, 기관지염 등 호흡기계나 구내염 등에
도 걸리기 쉬운 경향이 있다.

짧다

허리, 자궁 등 하반신을 조심하자
몸통이나 허리 부분이 약하다. 자궁, 신장,
간과 관련된 병을 조심하자. 게다가 손톱이
납작하고 밑부분이 살에 덮인 사람은 신경
통이나 류머티즘 관절염에 걸리기 쉽다.

표준

건강하고 운이 좋다
이상적인 손톱 모양의 비율은 '세로 4:가로
3'이고, 손가락 첫 번째 마디의 절반 정도 크
기이다. 이 모양에 손톱 혈색까지 좋으면 몸
이 건강하고 운도 좋다.

초승달

튼튼하고 체력이 좋다
손톱 밑부분에 흰 초승달처럼 반원이 있으
면 무척 튼튼한 몸이라는 뜻이다. 무리를 해
도 기초 체력이 있어서 금세 회복한다. 큰 병
치레도 없을 것이다.

손톱의 특징을 보면 건강 상태나
주의해야 할 장기를 알 수 있다.

폭이 넓다

부인과 쪽에 약하다
손톱 모양의 비율이 '세로 3:가로 4'면서 여성인 경우에는 부인과 쪽이 약해서 난소에 문제가 있을 수 있다. 손목의 수경선이 손바닥 쪽으로 완만하게 산 모양을 그린다면 자식복이 좋지 않다.

폭이 좁다

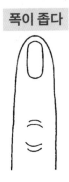

뼈, 특히 척추를 조심하자
척추가 약하다. 손톱 끝부분이 안쪽으로 커브를 그리면 척추가 휘었을 가능성이 있고, 뼈 관련 병을 주의해야 한다. 손톱이 약하다면 칼슘을 보충하자.

역삼각형

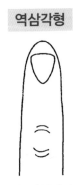

신경계 질환을 조심해야 한다
역삼각형인 조개 손톱은 태생적으로 몸이 약해서 건강에 문제가 많다. 척추가 약해서 신경 마비나 안면 신경증 등 신경 계통 질환에 주의해야 한다.

휘어 있다

스트레스로 알코올에 의존하기 쉽다
자신을 긍정하지 못하고 스트레스가 잘 쌓이는 성격이라서 알코올에 의존하기 쉽다. 몸과 마음은 이어져 있으니 체력을 길러서 정신력을 높이자. 좋은 친구가 있으면 더 좋다.

손을 내미는 모습에서 성격이 보인다!

손금을 볼 때는 먼저 상대방이 손을 어떻게 내미는지부터 체크한다.
성격이 나타나기 때문에 전체적인 이미지를 파악한 다음에 감정을 시작하자.

손가락을 넓게 벌린 채 내미는 사람은 관대한 사람

마음이 너그럽고 오는 사람 막지 않고 가는 사람 붙잡지 않는 타입이다. 돈은 있는 대로 다 써서 모으지 못한다. 저금하는 것 자체에 관심이 없어서 모으는 것보다 쓰는 기쁨을 우선한다.

성격상 비밀을 싫어한다. 게다가 주의력이 산만한 부분도 있어서 항상 사고를 조심해야 한다.

손을 가지런히 붙여서 내미는 사람은 상식적이고 노력하는 사람

상식적인 사람. 아무나 친해지지는 않고 사람을 골라서 사귀는 타입이다. 실패를 하지 않으려고 하기 때문에 위험한 일에는 거의 손대지 않는다.

착실하게 노력을 거듭해서 결국에는 안정된 지위를 얻을 것이다. 사람에게 인색하지는 않지만 돈을 낭비하지도 않기 때문에 저금도 착실히 할 수 있다.

손을 오므리고 내미는 사람은 경계심이 강한 신중파

경계심이 남들보다 강해서 쉽게 마음을 열지 않는 사람이다. 실패를 극단적으로 두려워하고 상당히 신중하기 때문에 큰 실패는 별로 없다. 특히 경제 관념이 철저해서 무엇보다 저금을 우선으로 생각한다.

그러나 정이나 미련 같은 감정에 휩쓸리기 쉬워 마음을 컨트롤하지 못할 때가 있으니 주의하자.

혼자 하는 손금 공부

놀라울 정도로 잘 맞는 손금점

1판 1쇄 펴낸 날 2023년 10월 30일

지은이 미야자와 미치
일러스트 가와카미 노노코
옮긴이 김소영
주간 안채원
책임편집 채선희
편집 윤대호, 윤성하, 장서진
디자인 김수인, 이예은
마케팅 함정윤, 김희진

펴낸이 박윤태
펴낸곳 보누스
등록 2001년 8월 17일 제313-2002-179호
주소 서울시 마포구 동교로12안길 31 보누스 4층
전화 02-333-3114
팩스 02-3143-3254
이메일 bonus@bonusbook.co.kr

ISBN 978-89-6494-657-2 03180